DINERO

Título original: *Money: A User's Guide*
Dirección editorial: Marcela Aguilar
Edición: Gonzalo Marín
Coordinación de diseño: Marianela Acuña
Diseño: Cristina Carmona y Jorge Ángeles
Traducción: Javier Raya

www.vreditoras.com

México: Dakota 274, colonia Nápoles
C. P. 03810, alcaldía Benito Juárez, Ciudad de México
Tel.: 5220-6620 • 800-543-4995
e-mail: editoras@vreditoras.com.mx

Argentina: Florida 833, piso 2, oficina 203,
(C1005AAQ), Buenos Aires
Tel.: (54-11) 5352-9444
e-mail: editorial@vreditoras.com

Primera edición: marzo de 2022

ISBN: 978-987-747-807-5

Impreso en México en Litográfica Ingramex, S. A. de C. V.
Centeno No. 195, Col. Valle del Sur, C. P. 09819
Alcaldía Iztapalapa, Ciudad de México.

LAURA WHATELEY

DINERO

INSTRUCCIONES DE USO

EDITORAS

Para mamá y papá

ÍNDICE

INTRODUCCIÓN

Esta es una pequeña guía que me habría venido muy bien hace diez años, cuando tenía veintitrés y acababa de tomar un tren con destino a Londres, una de las ciudades más costosas del mundo, lista para empezar mi primer trabajo de tiempo completo mientras la economía mundial colapsaba. Aquí hablaré de todo lo que me hubiera gustado saber antes sobre el dinero (cuanto más joven empiezas a ahorrar, más tiempo tiene tu dinero para crecer), pero me daba demasiada vergüenza preguntar. Asumí que todos los demás eran expertos menos yo. Pero resulta que la mayoría no tiene idea, y sigue sin tenerla, sin importar qué tan competentes sean en la vida adulta.

Mi objetivo es que este sea un libro sencillo de entender para todos los que sienten que son malos con el dinero, como yo misma fui (y en ocasiones lo sigo siendo), cuando observan el pozo sin fondo de su tarjeta sobregirada. No tiene por qué ser siempre así. Y, de todos modos, ¿qué significa ser malo con el dinero? ¿No revisar regularmente tu estado de cuenta? ¿No depositar lo suficiente en una pensión? ¿O guardar tanto para el retiro que no has tomado vacaciones en una década? ¿Quién tiene la última palabra?

Te cuento un secreto: todos somos "malos" con el dinero en un momento u otro, algunos simplemente son mejores para disimularlo con gracia, mientras otros son tan ricos que pueden mantenerlo bien escondido. **Estamos programados psicológicamente para tomar malas decisiones financieras.** La economía conductual es toda una rama de la academia, así como una categoría de los premios Nobel, que explica cómo lo hacemos. Y debido a que a nadie le gusta hablar sobre dinero ni existen dos personas que puedan ponerse de acuerdo sobre cómo usarlo, ya sea para gastarlo o para ahorrarlo (una pista: no existe una respuesta correcta), el mito de que los demás saben usar el dinero y tú no permanece vigente.

Así que sigue leyendo si alguna vez te hiciste preguntas como: ¿qué es una cuenta de ahorro personal? ¿Qué impuestos debo pagar y por qué? ¿Cuándo debería comenzar a ahorrar para mi retiro? ¿Debería poner mi dinero en inversiones y, si es así, cuánto? ¿Debería liquidar mi préstamo universitario? ¿Cómo funcionan las hipotecas? ¿Cuáles son las mejores aplicaciones para hacer presupuestos? ¿Cómo repartir el dinero de manera justa con mi pareja? ¿Podré alguna vez costear una casa, traer un hijo al mundo o ser el tipo de persona que no se preocupa por la lista de precios en los restaurantes? ¿Cuáles son los errores estúpidos que estoy cometiendo con mi dinero y cómo puedo dejar de cometerlos para no sentirme tan mal?

Dedícales una tarde a estas preguntas y sabrás un poco más de economía de lo que sabías esta mañana. **Puedo asegurarte que, si sigues al menos uno o dos de los consejos de este libro, habrás recuperado lo que pagaste por él.** Pero antes, hablemos un poco sobre mí, sobre los irresponsables *millennials* y en dónde nos encontramos.

Nótese que utilizo el término *millennial* con ciertas reservas. Es una palabra que ha llegado a darme escozor, una burda reducción que engloba a unas 14 millones de personas muy diferentes entre sí, nacidas entre la primera parte de la década de los 80 y el año 2000. Algunas de las cuales hoy son padres de adolescentes, tus jefes, abogados, cirujanos o tu novelista favorito.

En septiembre de 2008 fui a una entrevista para el puesto de asistente editorial de la sección financiera en *The Times*.

Una jugada optimista para una recién graduada que aún no desarrollaba completamente su síndrome del impostor. La noche anterior había estado buscando en Wikipedia: “¿Qué es una hipoteca?”.

La fecha de esta entrevista, el principio mismo de mi carrera, no pudo ser más significativa, aunque no me di cuenta en su momento. Dos semanas antes, el cuarto banco de inversiones más grande del mundo, Lehman Brothers, se había declarado en bancarrota. El titular de la primera plana de *The Times* para el día de mi entrevista era alarmante: “El ojo de la tormenta”, y una fotografía de nubes negras que se arremolinaban sobre la Casa Blanca. La introducción decía:

> **El sistema financiero se aproximó a un colapso catastrófico anoche luego de que el Congreso de los Estados Unidos rechazara de manera dramática un plan de rescate, diseñado para restaurar la confianza, que paralizó a los bancos. Wall Street sufrió una de las peores jornadas de su historia.**
> **En el lapso de 24 horas, cinco bancos, incluyendo a Bradford & Bingley de Gran Bretaña, tuvieron que ser rescatados para evitar la insolvencia... Las acciones**

del índice industrial Dow Jones cayeron en picada casi 800 puntos, perdiendo el 7 % de su valor. Se trató de la peor caída de puntos y de la peor caída de porcentajes bursátiles en un solo día desde el *Lunes negro* de 1987.

La verdad es que yo tampoco entendía mucho ("Qué mal lo de Dow Jones, ¿eh?"). Y los titulares de las semanas siguientes no ayudaban a comprender mucho más: "El mundo observa con terror", "La carrera por vender: 2.7 trillones de libras esterlinas (unos 3.6 trillones de dólares) se desvanecen del valor global de las acciones", "Los bancos se nacionalizan", "La crisis orilla a dos millones al desempleo".

Aprendía rápido, como les expliqué a mis nuevos editores, con más esperanza que convicción. Y, de manera inexplicable, me contrataron. Una periodista financiera es una de esas cosas, como los tupperwares y los condones, que al parecer hacen mucha falta durante una recesión.

Exactamente una década después, escribiendo en *The Times* sobre temas de consumo, ayudando a los lectores con sus encrucijadas y pavores financieros, pude darme cuenta de cómo esas pocas semanas cambiaron el mundo. Incluso para aquellos que recibimos nuestro primer cheque durante el periodo en el que la crisis financiera tomó el control de todo.

Muchas cosas han mejorado, como explicaré a lo largo de este libro. Los bancos están desesperados por ganar nuestra confianza nuevamente, y **la tecnología ha creado incontables oportunidades nuevas para ayudarnos a administrar de manera más fácil nuestro dinero.** Pero ha prevalecido un difícil legado, especialmente para aquellos que, como mi hermana, apenas unos años más joven que yo, enfrentaron en 2020 la segunda recesión financiera de sus cortas vidas laborales.

La mayoría de los menores de 30, sin importar cuán aplicados sean, jamás serán capaces de comprar una casa de tamaño decente en una gran ciudad solo con su salario. Especialmente cuando sus ingresos se reducen cada vez más para pagar décadas de créditos estudiantiles e intentan, de manera simultánea, ahorrar lo suficiente para una pensión que les permita pagar la calefacción cuando lleguen a los noventa años.

Los empleos brindan poca seguridad, los salarios no aumentan. Mucha gente, sin importar su edad, trabaja más horas en equipos más pequeños, produciendo más por relativamente menos dinero de lo que las generaciones anteriores ganaban a su edad.

En la primera edición de 2018 de este libro, escribí que el fantasma de una nueva recesión nos acechaba. Tristemente, esto se volvió realidad en 2020 a través de la pandemia del coronavirus y la consecuente cuarentena, que llevó a muchos países a las peores recesiones de las que se tengan registro.

Lo anterior va de la mano con la forma en que lidiamos con los dilemas asociados al dinero como parte del proceso de madurez personal, sin importar la generación en que hayas nacido: cómo independizarse financieramente de los padres, cómo hacer cuentas con tus amigos sin que te consuma la ansiedad por el estatus, cómo proveer tanto para ti como para tu familia, cómo ganar más y gastar menos sin perderte de las cosas que te dan felicidad y que hacen que la vida valga la pena vivirse.

Pienso también que **nuestra capacidad para sentirnos bien en temas de dinero disminuye con el hecho de que los servicios financieros mundiales adoran confundirnos.** Muchas compañías generan ganancias explotando nuestra ignorancia sobre cómo funcionan realmente sus productos, ya sea por cinismo o porque sobreestiman la competencia financiera de sus propios clientes.

Existen indicios de una mayor transparencia, pero aún falta mucho por hacer. Mientras tanto, elegir productos financieros se vuelve un vertiginoso y frustrante remolino de números, porcentajes y términos especializados. Como te contaré más adelante en mi capítulo sobre los gastos domésticos, existen cerca de medio millón de planes de telefonía móvil y banda ancha, sutilmente distintos, entre los cuales “escoger”. Por ello, al menos en Inglaterra, muchos prefieren ir al pub que aburrirse hasta las lágrimas en páginas de servicios financieros como *moneysupermarket.com.*

Los capítulos siguientes se componen de consejos y tips que he recopilado sobre finanzas personales desde el colapso crediticio de mis días de estudiante, obtuvenidos de los muchos errores que he cometido con el dinero, así como al observar y escribir sobre las trampas en las que han caído los lectores de *The Times*.

Aviso importante

Una de las muchas cosas que no soy es asesora financiera. Los únicos exámenes que aprobé después de terminar la escuela tenían que ver con palabras (sin contar el curso de estadística y matemáticas que tuve que repetir en primer año de universidad, y que sigue apareciendo en mis pesadillas). Soy una simple periodista. Ninguna parte de este libro debe considerarse asesoría financiera oficial irrefutable. Lo que ofrece son observaciones y sugerencias a partir de conversaciones con expertos reales calificados, con investigadores y con verdaderos asesores financieros sobre cómo evitar los errores más comunes en el uso del dinero.

Aun así, espero que esta información pueda brindarte un poco más de confianza sobre los aspectos más básicos del dinero y tu relación con él (y que incluso puedas mejorarla). Espero que te ayude a tomar mejores decisiones, más éticas e informadas, para evitar que los bancos y compañías de telefonía móvil se aprovechen de ti.

¡Buena suerte! Si yo pude hacerlo, cualquiera puede.

¿PARA QUIÉN ES ESTE LIBRO Y CÓMO LEERLO?

Para empezar por lo más evidente, **el mejor consejo para administrar tu dinero cambiará según la cantidad que tengas y el momento de vida en que te encuentres.**

Lo anterior presenta un serio dilema cuando tu libro tiene que ser pequeño. Tuve que decidir a quiénes quería dirigirme, qué quería decirles y qué debía dejar fuera. Elegí enfocarme en los consejos que me parecen más prácticos para las personas menores de 40 años, que probablemente deben dinero de sus estudios, que están ganando lo suficiente como para pagar impuestos, la renta del lugar donde viven, y que incluso tratan de entender si están listos para comprar o no su primera casa.

Muchos de los consejos provienen del contexto financiero de Gran Bretaña, por lo que las leyes y procesos (como el de comprar una casa) pueden variar según tus condiciones locales.

También hay cosas que cambian todo el tiempo, como los productos financieros de ciertas compañías, las bonificaciones fiscales o las políticas públicas de los gobiernos, por lo que algunas partes de lo que digo pueden haber quedado desactualizadas. He utilizado cifras, leyes y recomendaciones de productos vigentes hasta el otoño de 2020.

No quiero dejar de mencionar con respeto a las millones de personas que se las arreglan día a día con salarios mínimos y bancos de alimentos. Existen millones de personas que no se pueden imaginar tener el suficiente dinero en efectivo como para invertir en el mercado de valores o para pensar en la compra de su propia casa en el área de su elección.

Parte de la investigación que llevé a cabo para este libro se nutrió de charlas con *baby boomers* (término que comprende a los nacidos entre 1942 y 1960) y con algunos pensionados, quienes, al igual que los menores de 40 años, también me contaron que les vendrían bien algunos consejos para ahorrar más y gastar menos.

Así que, a pesar de que este libro pueda atraer a una población demográfica más joven y acomodada que el promedio, **espero que cualquier persona, sin importar su edad y posibilidades económicas, encuentre aquí algo que les ayude,** ya sea para entender mejor sus gastos, para lidiar mejor con una deuda imposible de administrar, para decidir si quieren (o no) hacer un testamento o para elegir el tipo de cuenta bancaria que mejor se ajuste a sus necesidades.

El libro tiene dos partes. Puedes leerlo en orden o comenzar por cualquier capítulo y buscar sus consejos sobre temas particulares, así como aquellos que sean especialmente relevantes o preocupantes para ti. Cada capítulo puede leerse por separado.

En la **parte uno** reviso las áreas de las finanzas personales que me parecen más relevantes para los menores de 40 años, comenzando por la vivienda y los préstamos, cómo hacer presupuestos, dónde poner tus ahorros para el corto y largo plazo, cómo invertir en la bolsa de valores y todo lo que necesitas saber sobre pensiones.

En la **parte dos** me refiero a la forma en que nos hace sentir el dinero con respecto a nosotros mismos y a los demás. Tomo en cuenta consejos provenientes de profesionales sobre cómo lidiar con nuestras emociones en torno al dinero, así como algunos consejos prácticos sobre cómo dividir los gastos al cohabitar o vivir en pareja. Abordo con detalle la forma de gestionar el dinero si sientes que te está volviendo infeliz o empeorando un diagnóstico existente de salud mental.

Además existe otra sección que se concentra en la creciente e importante tendencia de administrar tus finanzas personales de manera ética, desde saber de dónde proviene la energía que utilizas hasta dónde invertir tu pensión, para tomar en cuenta el impacto que tiene en el medio ambiente y en otras personas usar tu dinero. Ser bueno con el dinero no se trata solamente de acumular.

Si lees los capítulos en orden, al final comprenderás suficiente tus finanzas como para decidir si quieres hacer algo mejor con ellas, no solamente para hacerte más rico, sino considerando a la sociedad en extenso.

Parte uno

1. LA CRISIS INMOBILIARIA Y CÓMO ELEGIR DÓNDE RENTAR

Qué mejor lugar para comenzar que con el dilema financiero generacional por excelencia para los menores de 40 años: ¿dónde demonios encontrar un sitio para vivir que podamos pagar? Mientras que la generación de nuestros padres estuvo definida por la Guerra Fría y las tensiones de una posible guerra nuclear, los nacidos en los noventas tuvimos a las Spice Girls, MSN Messenger y una crisis inmobiliaria.

En noviembre de 2017, un agente de bienes raíces publicó en Twitter un artículo que aconsejaba formas de ahorrar durante un año para los jóvenes adultos que soñaban con dar el enganche de su primera casa. Luego de genialidades como sugerir hacer sándwiches en casa en vez de comprarlos (como si el pan fuera gratis) o dejar de adquirir billetes de lotería (¿alguien de nuestra edad compra tantos billetes de lotería?), el artículo reconoce que probablemente aún te faltaría bastante dinero para dar un enganche inmobiliario en cualquier ciudad grande. Y luego viene esta frase:

> **Aquellos suficientemente afortunados para recibir ayuda por parte de sus familias, contarán con 29 400 adicionales para llegar a su meta.**

Aunque parezca que los menores de 35 gastamos demasiado en comida a domicilio, es difícil rebatir la estadística. El precio promedio de las propiedades ha superado en gran medida el ingreso promedio que percibimos, por lo que es mucho más costoso comprar una casa hoy en día que hace algunos años. Según cifras del Instituto de Estudios Fiscales de 2018, en Londres los precios de las casas eran 15.7 veces superiores al ingreso promedio de la población de entre 25 y 34 años. En el resto del país, 40 % de este grupo etario enfrentaba ofertas inmobiliarias que superaban al menos 10 veces sus ingresos promedio.

En un estudio de 2017, la Oficina Nacional de Estadísticas reveló que el precio de una casa en Londres superaba 13 veces el salario de los trabajadores de tiempo completo de entre 22 y 29 años, mientras que en 1999 la proporción entre estos indicadores era de 3.9.

Como veremos en el siguiente capítulo, acerca de cómo saber si estás listo o no para comprar una casa (*spoiler*: debes tener un buen historial crediticio), **es muy poco probable que alguien te preste más de cuatro o cinco veces tu salario al buscar una hipoteca.**

Con estos números en mente tiene más sentido el estudio de la Resolution Foundation, según el cual un tercio de los nacidos entre 1981 y 2000 seguirán viviendo en lugares rentados por el resto de sus vidas.

La mayor parte de estos arrendatarios vitalicios será incapaz de conseguir los medios para dar el enganche de una casa propia cerca de su lugar de trabajo o tendrán que invertir en lugares retirados que les restará tiempo libre en su día a día.

Con todo, me parece importante señalar que, para mucha gente rentar es una decisión acorde a su estilo de vida, incluso una manera de hacer rendir mejor su salario. No toda la gente que renta es incapaz de comprar una casa.

Sin embargo, el mercado de las rentas está saturado de inmobiliarias y propietarios tramposos que ofrecen propiedades apenas aptas para que un ser humano las habite. Mudarse constantemente de una propiedad en renta a otra puede ser horrible, al igual que la incertidumbre de no saber cuánto tiempo te dejarán vivir ahí tus caseros o cuándo van a subirte la renta.

Esta incertidumbre tiene efectos nocivos tanto para la salud mental como física, y su impacto alcanza la educación de los niños y la moral en general, sin mencionar a tu pobre gato que odia las mudanzas y a tus plantas marchitas por cambiar a un nuevo lugar.

Por otro lado, muchos propietarios de casas eligen vivir en sitios con rentas compartidas como una forma de ser más sociables en su vida diaria, para estar más cerca de sus seres queridos o incluso para no tener que someterse a una costosa hipoteca ni encadenarse a un trabajo de ocho de la mañana a cinco de la tarde por el resto de sus días. **Si lo piensas bien, tal vez no deseas la responsabilidad que conlleva el mantenimiento de una propiedad a tu nombre.**

En resumen: rentas por necesidad o por elección. ¿Cómo sacar el mejor partido a cada una de estas?

¿CÓMO RENTAR UN SITIO Y DISMINUIR LA PROBABILIDAD DE QUE TE ESTAFEN?

¿Conviene más rentar con una inmobiliaria o hacer trato directo con el propietario?

Cuando rentas un domicilio, puedes hacerlo con un propietario particular, o bien, a través de una empresa o agente inmobiliario. Cada uno tiene sus pros y contras. Tratar directamente con el propietario te ahorrará muchas comisiones, y es posible que no tengas que dejar un depósito en garantía. El precio de la renta también podría ser menor si el propietario no necesita encontrar inquilinos a través de un intermediario. También estoy convencida de que los agentes inmobiliarios son culpables en buena medida de convencer a los propietarios de aumentar las rentas. Si dejas fuera al intermediario y el propietario tiene una buena impresión de ti, es posible que también encuentre beneficios en hacer un trato directo contigo. Los inquilinos confiables son muy valorados.

En Londres, sitios como OpenRent o Roomie sirven para poner en contacto directo a inquilinos y propietarios, aunque es posible que tengas que pagar pequeñas comisiones. Por otro lado, recurrir a una empresa inmobiliaria puede ser de utilidad en caso de que necesites hacer reparaciones, pues el agente negociará a tu favor con el propietario. También estarás mejor protegido legalmente al firmar un contrato de arrendamiento con una empresa de bienes raíces debidamente acreditada. **Asegúrate de tener suficientes referencias del agente o la empresa antes de realizar cualquier trámite.**

Si lo piensas bien, tal vez no deseas la responsabilidad que conlleva el mantenimiento de una propiedad.

El gran punto en contra de los asesores inmobiliarios siempre ha sido la enorme tajada de sus honorarios. No son infrecuentes las comisiones por conceptos tan ambiguos como "administración", "renovación" o "referenciación".

Los agentes inmobiliarios pueden cobrar el importe de la renta, un depósito en retención, un depósito reembolsable cuando desocupas la propiedad, así como penalizaciones por rentas extemporáneas. Las leyes han cambiado poco a poco para evitar cobros absurdos. Históricamente, los agentes podían cobrar por cosas como dejar que el piso se maltrate o por la compra de productos de limpieza. Este tipo de cobros están en una frontera legal muy delicada, por lo que, si estás en una situación así, no lo permitas.

¿Qué comisiones debes pagar de entrada? ¿Qué preguntas hacer antes de tomar una decisión?

Cuando encuentras una propiedad que quieres rentar, por lo general tienes que pasar por una investigación de buró de crédito (si te preocupa tu historial crediticio, revisa el siguiente capítulo sobre cómo mejorarlo), según la cual obtienes una evaluación para ver si serás capaz de pagar la renta a tiempo. Es posible que te pidan estados de cuenta bancarios y referencias, como la de tu casero anterior o tu empleador. También pueden pedirte que designes un aval, como uno de tus padres, que esté de acuerdo en cubrir tu renta en caso de que tú no puedas. Finalmente llega el momento de sacarte un ojo de la cara y dar un flamante depósito a la inmobiliaria.

Si el propietario tiene una buena impresión de ti, quizá también se beneficie de hacer un trato directo contigo.

Algunos agentes y propietarios te pedirán un depósito en retención, el cual es una suma que evita que la empresa siga ofreciendo la propiedad durante el tiempo que dura la investigación crediticia. Esta suma no suele ser mayor a la renta de una semana. No pagues este depósito a menos que estés seguro de querer la propiedad, porque no es reembolsable en caso de que la investigación crediticia no te favorezca. Si te quedas con la propiedad, el depósito será tomado en cuenta como parte del depósito de garantía. Asegúrate de tener los detalles por escrito del depósito en retención, incluyendo qué pasará con tu dinero si el casero cambia de opinión y no puedes mudarte.

Por lo general, tendrás que pagar por adelantado tu primer mes de renta. Añade a eso otra renta por concepto de arrendamiento (reembolsable, en ocasiones). **Asegúrate de pedir recibos cuando realices pagos de cualquier tipo, en caso de imprevistos futuros.** Antes de pagar o firmar nada, comprueba si es posible negociar el costo de la renta. Las cantidades no siempre son fijas y los agentes o caseros podrían tratar de sacar ventaja.

Debes hacer preguntas como cuándo y por qué medio debes pagar la renta, si esta incluye algún servicio; durante cuánto tiempo podrás rentar el lugar (la duración del contrato), y qué pasa si decides mudarte antes de ese plazo. Infórmate sobre las reglas de lo que puedes o no hacer en el lugar, como hacer fiestas, tener mascotas, recibir visitas o fumar.

Aunque pueda parecer muy obvio, asegúrate de visitar la propiedad que quieres rentar antes de desembolsar un centavo. Existen muchas estafas y fraudes online en las que alguien te pide hacer depósitos para asegurar propiedades que solo has visto en la pantalla, las cuales pueden o no existir, o bien, estar ocupadas. El mismo fraude se realiza muchas veces, sobre todo a estudiantes.

Necesitamos hablar de los arrendamientos

Muchos arrendadores te pedirán firmar algún tipo de contrato de arrendamiento. Dale una buena lectura a los papeles antes de firmarlos, pues ahí se indican las responsabilidades de tu casero, así como el proceso de renovación o terminación del contrato.

Por lo general, su duración es de entre 6 y 12 meses, durante los cuales tendrás que pagar la renta acordada. Luego de este periodo se puede celebrar un nuevo contrato, aunque si ninguna de las partes se opone, se da por entendido que el contrato se renueva automáticamente. Si tienes intención de dejar el lugar al término del período acordado, tal vez sea necesario notificar a tu casero por escrito, en el contrato puedes saber con cuánto tiempo de anticipación necesitas hacerlo.

Un casero no necesita motivos para rescindir el contrato en cualquier momento, pero necesita notificarte por escrito con antelación. Asegúrate de recibir una copia por escrito de cualquier cosa que firmes.

Asegúrate de visitar la propiedad que quieres rentar antes de desembolsar un centavo.

Las leyes de algunos países acordaron medidas especiales por el coronavirus para evitar desalojos masivos de las personas que llegaron a deber meses de renta, pero esto cambia según donde te encuentres.

¿Cómo recupero mi depósito?

Los arrendadores únicamente pueden deducir dinero de tu depósito en caso de daños, costos de mantenimiento si dejaste el lugar peor de lo que estaba o por cualquier cosa perdida. Estos casos deben ser descritos con precisión en el contrato de arrendamiento. Por ningún motivo pueden usar ese depósito para arreglar desperfectos propios del uso mismo del inmueble, como cuarteaduras en las paredes, tapices o alfombras. Los daños deben ser muy graves para que algo así se justifique, como una enorme quemadura de plancha en el suelo.

Revisa el contrato para saber si debes contemplar un servicio de limpieza profesional antes de desocupar el inmueble.

Es necesario llevar a cabo un inventario en el momento en que ocupes el domicilio. Este documento debe detallar la cantidad y condición de todo lo que se encuentre en la propiedad. Toma fotos por dentro y por fuera para tener registro de cualquier problema previo. Estas fotos también pueden servir para comparar el estado de la propiedad que devuelves al casero cuando la desocupes, al igual que para hacer un inventario de desalojo junto a él. No olvides intercambiar datos de localización por si surgiera algún problema.

Si necesitas solicitar el reembolso de tu depósito con tu casero o agente inmobiliario, lo mejor es hacerlo por escrito, de preferencia por correo electrónico, para dejar evidencia de la fecha. Deberías recibirlo no más allá de 10 días después. Si se niegan a reembolsarte, les toma más tiempo o bien, si no estás de acuerdo con alguna deducción, puedes entablar un proceso de resolución de conflictos con la institución que resguarde los fondos, la cual puede orientarte para llegar a un acuerdo fuera de los tribunales. Si tu casero

Tu casero es el responsable legal de tener en buen estado la propiedad.

realizó deducciones, debe informarte la razón y el monto de esto por escrito.

¿Quién está a cargo de las reparaciones?

Tu casero es el responsable legal de mantener en buen estado la propiedad, así como de realizar todo tipo de reparaciones estructurales como tuberías, cableado, aire acondicionado, calefacción y fontanería. **También es su responsabilidad ocuparse de cualquier cosa que pueda afectar tu salud, como plagas de cualquier tipo o humedad.** Las reparaciones básicas corren por tu cuenta, como cambiar los focos y reemplazar la batería de las alarmas. Si tienes problemas de calefacción o agua caliente, el casero debe resolverlos a la brevedad. Realiza las solicitudes de reparación por correo electrónico para conservar un registro.

¿Quién debe pagar las cuentas?

Esto puede variar dependiendo de tu inmobiliaria o casero, así que lo mejor es preguntar al momento de firmar el contrato. Aunque el pago de las cuentas de servicio sea responsabilidad del casero, puedes negociar cambiar de compañía para recibir ciertas ventajas, como mejores tarifas de gas o internet de banda ancha, lo que puede ahorrarte mucho dinero.

Cuando te mudes, pregúntale a otros inquilinos, al conserje o al casero quiénes son los proveedores de servicios del inmueble. Toma nota de los medidores en cuanto llegues y ponte en contacto con los proveedores para evitar cobros indebidos de inquilinos previos.

A partir del momento en que te mudes serás responsable de pagar por los servicios utilizados en la propiedad, incluso aquellos que se adeuden. Muchas compañías pueden orientarte sobre detalles particulares de cambio de titular. También es buena idea avisarles y hacer un registro de los medidores cuando desocupes el lugar.

2. ¿CÓMO COMPRAR UNA CASA?

Por desgracia no existe una solución mágica ni atajo que haga más simple el problema de encontrar una casa con una ubicación deseable a un precio accesible. Mil disculpas: vas a necesitar más dinero.

Las opciones no son muchas: obtener un mejor empleo o conseguir uno en una zona con opciones de vivienda más accesibles; tener padres, amigos o parientes con más dinero que tú y suplicarles un préstamo; revisar los créditos del gobierno, o bien, ahorrar más dinero durante más tiempo (algo en lo que espero pueda ayudarte este libro).

Sin embargo, entender el proceso de comprar una casa puede ayudarte a definir qué tanto puedes o deseas hacerlo en realidad, además de ayudarte a ahorrar mucho dinero cuando llegue el momento (si es que llega). **Los expertos sugieren dar los pasos necesarios para perfilarte como un comprador modelo por lo menos seis meses antes de ponerte en contacto con bancos y agentes de bienes raíces.** No hay de qué preocuparse si no cuentas con seis meses, pues es posible ponerte en una buena posición en un par de semanas.

Luego de comprar su primera casa (en muchas ocasiones, gracias al apoyo del Banco Nacional de Mamá y Papá), la gente suele contar la misma historia: "No tenía idea de lo que hacía, me sentí completamente estafada".

La naturaleza misma del proceso de compraventa es un juego de nervios y resistencia en donde dos personas tratan de sacar ventaja una de la otra sin que se note. Además, los agentes de bienes raíces son como cierto tipo de periodistas: tratan de acomodar la verdad según su conveniencia. Por ello, debes prepararte para negociar a tu favor y evitar que se aprovechen de ti. El material de este capítulo te ayudará en ese proceso.

Comenzaré por los aspectos más simples de cómo pedir dinero prestado para comprar una casa, hasta los detalles más puntuales sobre qué tipo de hipoteca elegir, incluyendo todos los costos del proceso, para que puedas hacerte una idea de lo fácil o difícil que será para ti reunir los fondos requeridos.

Pero, primero, ¿qué es una hipoteca?

¿CÓMO REUNIR SUFICIENTE DINERO PARA COMPRAR UNA PROPIEDAD?

Poder o no comprar la casa que deseas se reduce a dos preguntas: ¿puedes reunir el suficiente dinero como para dar un enganche importante? Y luego, ¿tus ingresos, gastos y estilo de vida te permitirán acceder a la hipoteca que necesitas después de ese pago? Vamos a suponer que no tienes una maleta llena de dinero como para comprar una casa. De hecho, si tienes menos de 40 años y no necesitas una hipoteca, probablemente tampoco necesites este libro.

Cuando trates de calcular la cifra que puedes ahorrar para cubrir el enganche , no te olvides de que existen muchos otros gastos involucrados en el proceso de adquirir un inmueble, como impuestos por escrituración y comisiones de toda índole. Un poco más adelante en este capítulo podrás hacerte una idea estimada de cuánto te costará todo esto.

¿De qué forma influye tu enganche en la hipoteca que puedes obtener?

Mientras más grande sea la cantidad que puedas reunir para tu enganche, menor será la que tengas que pedirle al banco. Piensa en el enganche como la parte proporcional que "posees" del inmueble desde un principio, por lo que un enganche mayor significa pagos hipotecarios mensuales más pequeños y accesibles.

Tus pagos hipotecarios mensuales dependerán del tipo de producto hipotecario que adquieras, pero por lo general se trata de un reembolso de capital, es decir, que cada uno de tus pagos está restituyendo la suma inicial que solicitaste más intereses. La forma más sencilla de entender los intereses es como una cuota o penalización adicional que le pagas al banco por haberles pedido dinero en primer lugar. Se calculan como un porcentaje de tu hipoteca, por lo que si pides 100 000 dólares prestados a una tasa de interés del 2 %, pagarías 2 000 dólares de intereses anuales, dividido en pagos mensuales.

El tamaño de tu hipoteca es la parte proporcional de tu propiedad que técnicamente le "pertenece" al banco. Si no pudieras pagar tu renta, tu propiedad será embargada, lo cual significa que el banco estará en posición de venderla para recuperar el valor de esta parte proporcional. Si los precios de las propiedades son bajos en el mercado y tu casa se vende a un precio menor del que pagaste por ella, podrías terminar debiéndole más dinero al banco que al principio.

El objetivo será liquidar tu hipoteca, de manera que poco a poco poseas una mayor proporción de la propiedad. Si el precio de las casas aumenta, tu casa valdrá más, por lo que el valor del préstamo que solicitaste disminuirá respecto al valor del inmueble, aunque esto no te proporcionará beneficios a menos que la vendas o vuelvas a hipotecarla.

Si el precio de las casas aumenta, tu casa valdrá más y el valor del préstamo que solicitaste disminuirá.

Si los precios de las casas se tambalean, como ocurrió después de la catástrofe financiera, puedes terminar en algo llamado "capital negativo", que ocurre cuando le debes al banco más de lo que en realidad vale tu casa. Por si fuera poco, no podrás mudarte sino hasta que termines de pagarle. Incurrir en "capital negativo" no es tan frecuente como solía ser, pues a partir de la crisis los bancos son mucho más precavidos sobre la cantidad de dinero que te prestan.

¿Qué es el valor del préstamo?

La cantidad que puedes recibir como préstamo hipotecario se calcula según una tasa de valor del préstamo. Esta se compone simplemente del porcentaje conjunto entre el enganche y el préstamo.

Si tenías 20 000 dólares en efectivo para comprar una casa que vale 200 000 dólares, tu enganche sería el equivalente al 10 % de la propiedad, por lo que tendrías que pedir prestado para cubrir los 180 000 dólares restantes. Si en cambio tuvieras 180 000 dólares en efectivo y necesitarás pedir solamente 20 000 dólares, tendrías un enganche del 90 %, por lo que la tasa del valor del préstamo sería de 10 %.

Antes de la crisis era común ver hipotecas por valoración de préstamo del 100 %. Una de las instituciones que ofrecía hipotecas al 125 % desapareció en 2008. Esto era posible debido a la confianza general de que los precios de las casas siempre seguirían una pendiente ascendente y estable.

Este tipo de hipotecas han comenzado a resurgir, especialmente en el mercado dirigido a quienes buscan comprar una propiedad por primera vez, por lo que los bancos están siendo especialmente cuidadosos sobre los préstamos que ofrecen, como resultado de la incertidumbre económica a raíz del Covid-19.

En asuntos financieros, suele decirse que mientras más grande sea el riesgo, mayor será la recompensa.

En asuntos financieros, suele decirse que mientras más grande sea el riesgo, mayor será la recompensa (revisa el capítulo sobre el mercado de valores para ahondar en esto). Si los bancos asumen un mayor riesgo, por ejemplo, al prestarte 180 000 dólares en lugar de solo 20 000 dólares, lo que esperan a cambio es una mayor recompensa en forma de intereses, por lo que siempre pagarás más de lo que pediste prestado.

Mientras mayor sea tu enganche, más barata será tu hipoteca

Esto nos lleva a otra de las crueles realidades sobre el precio de las viviendas que deben enfrentar los compradores primerizos. Las hipotecas más baratas con las tasas de interés más bajas solo están disponibles para los clientes favoritos de los bancos: los que pueden ahorrar para un enganche más grande.

Encontrarás que casi toda la publicidad en torno a las hipotecas baratas en realidad está dirigida a personas que puedan conseguir una hipoteca con una valoración de préstamo de 65 % o menos. Dicho de otra forma, **las hipotecas baratas son para personas que puedan reunir por lo menos el 35 % del costo de la propiedad que quieren comprar.**

La mayoría de los compradores primerizos, especialmente quienes buscan comprar un departamento en una ciudad costosa, terminarán dando un enganche de entre el 5 y el 10 %, es decir, hipotecas con un valor de préstamo de entre el 90 y 95 %. Sin embargo, los bancos retiraron del mercado la mayoría de las hipotecas al 90 y 95 % en previsión de una posible caída del mercado inmobiliario precipitada por la pandemia.

Los compradores primerizos de pronto tienen muchas menos opciones que hace apenas unos meses. Al momento de escribir esto durante el otoño de 2020, en el mercado británico hay apenas una docena de hipotecas al 95 % y unas cincuenta al 90 %. Esperemos que en los próximos meses más bancos recuperen la confianza para prestarle a compradores primerizos otra vez.

Tip top

Trata de hacer todo lo posible por reunir un enganche de al menos 10 %. Los agentes inmobiliarios me han dicho que existe una notable diferencia entre la tasa de interés de quienes dan un enganche del 5 % y la de quienes reúnen un 10 %. Esto se traduce en que los pagos mensuales de tu hipoteca serán mucho más accesibles.

¿Cómo te juzga el banco?

Reunir el enganche es la parte más difícil. Pero una vez que lo consigas, necesitarás convencer al banco de prestarte el resto, lo cual es un proceso mucho más arduo y misterioso de lo que solía ser.

Para nuestros padres, era tan simple como decirle al banco cuánto dinero ganaban. Luego, el banco les prestaba un porcentaje de esto. Pero hoy en día, los ingresos no son el único factor que toman en cuenta. Tu índice de gastos es igual de importante. Recuerda que la preocupación de los bancos es que asumen un riesgo por ti, especialmente si eres primerizo, por lo que van a considerar todo tipo de criterios para juzgar tus patrones de gastos y decidir si vale la pena apostar a que puedes pagar tu hipoteca cada mes.

La forma en que hacen esto es a través de tu historial crediticio (más sobre este en las páginas siguientes) y tu índice de gastos, que se obtiene analizando tus estados de cuenta bancarios, tus deudas y todo tipo de responsabilidades que representen gastos regulares, como hijos, mascotas, etc.

La entidad crediticia a la que te acerques estará interesada en ver al menos tus estados de cuenta de los últimos tres meses, así como recibos de nómina. Así que asegúrate de no exceder tu límite de crédito ni realizar ningún pago abrupto antes de solicitar un préstamo.

Ray Bougler, corredor inmobiliario, sugiere tener en cuenta que **una entidad crediticia también es capaz de ver en qué estás gastando tu dinero, "así que no gastes en cosas que tu prestador vería con malos ojos"**, por ejemplo, recibos de apuestas en línea. También sugiere evaluar los pros y contras del modelo de banca abierta. Este permite a la entidad crediticia revisar un mayor historial de gastos (veremos más sobre la banca abierta en el capítulo de presupuestos).

También tendrás que llenar una solicitud en la que detalles tus gastos. Si aunado a esto, tus estados de cuenta muestran que te das la gran vida y derrochas cantidades elevadas en comidas o vacaciones, la cantidad de dinero que puede prestarte el banco se reducirá.

Lo mismo aplica si has adquirido muchas deudas, por ejemplo, si estás pagando un automóvil o tienes otros préstamos o tarjetas de crédito que no has terminado de saldar. Pero a menos de que se trate de deudas excesivas, estas suelen ser un indicador de lo que eres capaz de pagar cada mes. Si a ello le restas tus ingresos, la diferencia también influye en la cantidad que puedes pedir prestada.

Por lo regular, las deudas menores a seis meses pasan desapercibidas.

Por lo regular, las deudas menores a seis meses pasan desapercibidas.

Los préstamos estudiantiles se toman en cuenta en la medida en que pagar afecta tus ingresos reflejados en tus estados bancarios, lo que a su vez determina cuánto puedes pedir prestado. Pero, en sí mismo, tener una "deuda estudiantil" no juega en tu contra.

Los bancos también juzgan la forma en que tus ingresos y tu poder adquisitivo cambiarán en el futuro. Fue por ello que una vieja amiga se vistió con un atuendo muy holgado cuando fue a solicitar una hipoteca. Aunque sabía que sus ingresos le permitían hacerse cargo de una gran hipoteca, supuso que los del banco no le prestarían dinero a una mujer embarazada que está a punto de generar muchos gastos y pocos ingresos.

Ahora bien, es ilegal que un banco discrimine a una persona por estar embarazada. Por lo mismo, al igual que en una entrevista de trabajo, nadie puede preguntarte si estás embarazada o si planeas estarlo. A pesar de esto, bastantes solicitudes de crédito contienen preguntas similares a esta: "¿Planea realizar cambios en sus circunstancias financieras durante los próximos tres meses, a tal grado que le dificulten realizar los pagos de su hipoteca?”.

Debes decir la verdad en tu solicitud. Aunque no estés forzada a informarles que estás embarazada, mentir en la solicitud constituye un fraude. En cualquier caso, no está demás pensar muy bien si contarás con los medios para costear la hipoteca que necesitas si tus ingresos cambian una vez que la obtengas. Un banco solo puede adivinar hasta cierto punto tu capacidad de pago, pero depende de ti decidir la mejor forma de acomodar tus ingresos o ajustar tus gastos si crees que tu situación pueden cambiar en el futuro.

Tus ingresos importan en la medida en que demuestran tu capacidad de pago

Antes de ponerte a buscar propiedades en venta, debes ponerte a pensar de manera realista cuánto dinero puedes pedir prestado basándote en tus ingresos. Como dije antes, estos no son lo más significativo, pero no quiere decir que no importen. Existen muchas calculadoras de hipotecas online que parten de esa cifra.

Ahora bien, es ilegal que un banco discrimine a una persona por estar embarazada.

La regla no escrita es que puedes recibir un préstamo de hasta cuatro veces tu salario antes de impuestos, aunque esto puede variar dependiendo del banco. Algunas instituciones de crédito pueden prestarte hasta cinco veces tu salario (a menos de que trabajes por cuenta propia, hablaremos de esto más adelante). Algunos bancos ofrecen hipotecas "profesionales", con un máximo de 5.5 salarios si eres un profesionista recién graduado, como un médico, veterinario, abogado o arquitecto.

Esta proporción se conoce como "múltiplo de ingresos". Si ganas 35 000 dólares al año antes de impuestos, es poco probable que puedas pedir prestado más de 158 000 dólares (unas 4.5 veces ese ingreso). Ahora entiendes un poco mejor por qué tenemos un grave problema de acceso a la vivienda.

Vale la pena tomar en cuenta que el múltiplo de ingresos aplica de la misma forma para solicitudes individuales como de parejas, por lo que unificar ingresos al momento de pedir un préstamo los colocará en una posición mucho más favorable. Los bancos también toman en cuenta los ingresos "no garantizados", como pagos de comisiones o bonos, pero los tratan de manera diferente. Esto quiere decir que se pueden presentar situaciones en las que un banco que ofrece hipotecas por el cuádruple de tu salario tome en cuenta tus ingresos no garantizados y te preste más dinero que otro con un múltiplo de ingreso de 4.5.

El múltiplo de ingreso máximo varía según la valoración de préstamo que puedas costear. Si tu enganche es del 25 % es más probable que puedas pedir prestado cinco veces el valor de tu salario que si tu enganche es de solamente 5 %. En este caso, probablemente el múltiplo máximo sea de cuatro. Este múltiplo también puede variar según tus ingresos, de manera que, si tienes más dinero, es más probable que puedas destinar una mayor proporción de tu dinero al pago de una hipoteca. Según Boulger: "Comprar papel de baño afecta más a alguien que gana 80 000 dólares que a alguien que gana 20 000 dólares".

Cómo adquirir una hipoteca si trabajas por cuenta propia

Hasta hace poco, en Inglaterra era posible solicitar "hipotecas autocertificadas", también conocidas como "préstamos para mentirosos", que le permitían a los trabajadores por cuenta propia declarar cierta cantidad de ingresos sin necesidad de evidencias. Sin embargo, se prohibieron en 2014.

Si trabajas por tu cuenta o eres *freelance*, debes solicitar tu hipoteca por los mismos canales que todo el mundo, pero puede ser más difícil que te la den. Aunque no pierdes nada con intentarlo.

Si tienes más dinero, es más probable que puedas destinar una mayor proporción al pago de una hipoteca.

Si es tu caso, necesitas presentar al menos dos años de información financiera, aunque tres sería mejor. Muchos bancos te van a pedir que estén avalados por un contador. Tener tus impuestos al día y presentar tus declaraciones fiscales también es importante. Aunque algunas instituciones crediticias aceptan a los trabajadores independientes con no más de un año de antigüedad, es mejor apostar por los bancos más pequeños. Es menos probable que ahí te digan que "el sistema dice que no". Puede contar a tu favor si tuviste un empleo fijo en la misma empresa un año antes de comenzar a trabajar por tu cuenta.

Si tus ingresos han aumentado, los bancos calcularán tu préstamo a partir de tu ingreso promedio de los últimos años. Si ha disminuido, probablemente lo calculen según las cifras más bajas y recientes. La mejor ruta es solicitar un préstamo que te ofrezca un mejor acuerdo según tus circunstancias.

Un asesor inmobiliario puede ayudarte en lo anterior. **Si trabajas por tu cuenta, debes ser especialmente precavido con tus gastos durante los meses previos a tu solicitud.** Actúa con mucha austeridad financiera al menos durante los seis meses anteriores a tu solicitud.

¿Qué son las "pruebas de presión" y por qué el futuro importa tanto como el presente?

La crisis financiera cambió las reglas de los préstamos para asegurarse de que la gente no solo pueda pagar sus hipotecas en el presente, sino también en el futuro. El resultado son las "pruebas de presión". En otras palabras, es posible que puedas pagar cómodamente tu hipoteca con tu salario actual según las tasas de interés vigentes, pero ¿qué pasaría si esas tasas aumentaran?

Solo podrás recibir un préstamo por aquello que según el banco serías capaz de pagar cómodamente.

Solo podrás recibir como préstamo aquello que según el banco serías capaz de pagar cómodamente con una tasa de interés del 3 % superior a la actual, tomando como referencia el estándar de interés variable del banco (más al respecto en un minuto) vigente en el momento de tu solicitud. Esto significa que muchos compradores primerizos son sometidos a pruebas de presión con base en una hipoteca con intereses de 7 o 7.5 %.

Aunque confíes en que tus ingresos aumentarán en el futuro, estas pruebas también evitarán que te ajustes el cinturón en exceso, pero también limitan el préstamo que puedes obtener.

¿Cuál es tu calificación crediticia y por qué es importante?

El banco evalúa si estás o no en posibilidad de adquirir una hipoteca a partir de la información de tu historial crediticio, así como de tus estados de cuenta.

El historial crediticio (también llamado buró de crédito o reporte de crédito) es un registro de tus interacciones con instituciones financieras, como bancos, proveedores y demás, el cual se resguarda en agencias de referencia de crédito.

La institución a la que le solicites un préstamo buscará referencias de tu comportamiento crediticio previo para determinar si serás un prestatario (alguien a quien se le puede prestar dinero) confiable en el futuro.

También tomarán en cuenta cuánto tiempo llevas trabajando con el mismo empleador, cuánto tiempo has vivido en tu dirección actual y qué tan antigua es tu cuenta bancaria.

Muchos bancos, sociedades de préstamo y compañías financieras tienen sus propios y misteriosos sistemas de evaluación crediticia, basados en factores que consideran patrones importantes de confiabilidad. Nadie sabe a ciencia cierta cómo funcionan, cómo se recolectan ni cómo los usan los bancos.

Los aseguradores de los bancos, es decir, la gente que realiza evaluaciones de riesgo financiero, no suelen hablar mucho de cómo recolectan y evalúan los historiales crediticios de sus clientes, pues se trata de "información sensible a efectos comerciales". Lo que significa que pueden rechazar tu hipoteca por tener, desde su perspectiva, un mal historial crediticio, sin que nunca sepas por qué ni seas capaz de argumentar en contra de tales criterios.

El historial crediticio no es un documento único, sino que depende de la agencia de referencia crediticia que compila la información. Esto puede cambiar dependiendo del país. Cada una recopila sus propios historiales crediticios basándose en sus propias evaluaciones de los créditos que has solicitado con anterioridad. Consultarlos puede darte una idea de tu perfil como prestatario y, aunque no son definitivos, pueden ser útiles a manera de guías.

Muchos bancos tienen sus propios sistemas de evaluación crediticia basados en patrones confiabilidad.

A pesar de la falta de transparencia de su naturaleza misma, los historiales crediticios tienen una importancia irritante, pues se utilizan para todo, desde sobregiros, tarjetas de crédito, compras de teléfonos móviles, hasta, por supuesto, hipotecas.

En mi columna de *The Times* recibí cartas de personas a punto de perder la casa de sus sueños por culpa de alguna pequeña infracción, multa o mal entendido, como olvidarse de pagar una cantidad mínima a un proveedor de energía en una casa en la que ya ni siquiera viven o por deudas de teléfonos celulares que ya no usan. Pero se convirtieron en requerimientos de pago que terminaron por afectar el historial crediticio de dichos lectores.

Un sujeto no sabía que una pequeña deuda que olvidó saldar con la compañía de gas luego sería referida al buró de crédito. Como resultado, recibió una notificación en su historial crediticio y el precio de su hipoteca aumentó.

Una pareja realizó una solicitud para abrir tres nuevas cuentas: una para cada uno, además de una conjunta, con el mismo banco que aceptó financiar su hipoteca. Les dijeron que esto simplificaría los trámites. Sin embargo, terminó perjudicando su historial crediticio, que registró demasiadas solicitudes simultáneas, a pesar de que esto beneficiaba al banco.

Esta experiencia surrealista resultó también bastante costosa, pues no pudieron solicitar una hipoteca con valor de préstamo al 95 %, y tuvieron que conseguir más dinero para aumentar el enganche y solicitar una hipoteca al 90 %. La pareja tuvo la suerte de contar con familiares que los ayudaron a sacarlos del apuro, pero las personas menos afortunadas habrían perdido la casa.

¿Cómo mejorar tu historial crediticio?

Crea una hermosa personalidad financiera al menos unos seis meses antes de que solicites una hipoteca.

Si fueras a prestarle varios cientos de miles de dólares a otra persona, seguramente querrías saber qué tan probable es que te regresen el dinero, y la información que buscarías sería la de su comportamiento en préstamos anteriores.

También tendrías razón en sospechar de su capacidad de pago si no tuvieras evidencia de su confiabilidad, ya que nunca le había pedido dinero a nadie antes. A pesar de que el crédito es algo que la gente busca evitar cueste lo que cueste, **no tener buen historial crediticio es tan malo como no tener uno.** Los bancos necesitan algún tipo de referencia. Esto puede ser un problema para los compradores primerizos jóvenes cuya experiencia con productos financieros se limita a cuentas de ahorro infantiles o para migrantes cuyos historiales crediticios se quedaron en sus lugares de origen.

Lo más útil es crear una hermosa personalidad financiera al menos unos seis meses antes de que solicites una hipoteca. Si nunca has solicitado un crédito en tu vida, comienza por solicitar y pagar algunos, aunque sean pequeños. Luego consulta tu historial crediticio en alguna de las agencias de tu país de origen. Suele ser un trámite gratuito, aunque pueden presentarse algunos cargos.

Por ejemplo, si una agencia te pide registrarte a un período de prueba gratuito, asegúrate de cancelar tu suscripción tan pronto como tengas la información que necesitas para evitar cargos mensuales recurrentes.

Te recomiendo revisar con mucho cuidado las agencias de referencia crediticia por lo menos seis meses antes de solicitar una hipoteca. Aunque también vale la pena investigarlas bien de todas formas, en cualquier momento, aunque no vayas a presentar tu solicitud la próxima semana.

1. Asegúrate de tener en orden tus documentos de identidad

   Esto es vital. Si no tienes datos de identidad, no puedes obtener una hipoteca. Los bancos suelen usar el padrón electoral para verificar que eres quien dice ser. Asegúrate de que tu nombre esté escrito correctamente y que tu dirección aparezca de manera correcta y actualizada.

2. Consigue una tarjeta de crédito y utilízala de vez en cuando

   Si el problema con tu historial es que no has solicitado créditos en el pasado, solicita una tarjeta de crédito y utilízala en tus compras diarias durante algunos meses. Asegúrate de pagarla por completo antes de tu fecha de corte mensual. No pagues solamente el mínimo ni la sobregires: la proporción perfecta de gastos es de un

10 a un 30 % de tu límite de crédito. Lo que se busca demostrar es que sabes pedir préstamos de manera responsable sin perder el piso ni confundirlo con dinero gratis. Como referencia, un estado de cuenta mensual por debajo del 30 % de tu límite puede hacerte subir 90 puntos en tu historial crediticio, según una de las agencias calificadoras que utiliza una escala de 0 a 999. Una calificación de 780 es buena, mientras que una superior a 961 es excelente. Como referencia, una tarjeta bancaria al 90 % de su límite de crédito te hará perder 50 puntos.

Lo importante es saber pedir préstamos de manera responsable sin perder el piso ni confundirlo con dinero gratis.

3. No solicites otros créditos

   Solicitar demasiados préstamos en poco tiempo no se verá nada bien. No excedas el límite. Si puedes, evita hacer solicitudes de crédito (como teléfono móvil, tarjeta de crédito o cuenta bancaria) en los seis meses previos a tu solicitud de hipoteca.

4. Rompe con tu ex de una vez por todas

   Deshazte de cualquier vínculo con exparejas y excompañeros de piso con los que hayas compartido cuentas o facturas conjuntas en el pasado. Si todavía estás vinculado erróneamente en sus estados de cuenta, puedes ponerte en contacto con las agencias calificadoras para pedirles una disociación o desvinculación. En contra del sentido común, el hecho de haber vivido con una persona que no paga sus cuentas a tiempo no dañará tu expediente de crédito, pero si estabas vinculado económicamente a esa persona, su mal historial crediticio se reflejará negativamente en el tuyo (y a su vez, su excelente historial crediticio se reflejará positivamente en el tuyo). Toma esto en cuenta antes de solicitar cualquier tipo de producto financiero conjunto.

5. Paga todas tus cuentas a tiempo

Asegúrate de no dejar de pagar ninguna factura de servicios domésticos. Los informes de crédito incluyen información de tu proveedor de gas, electricidad, seguros y agua, por mencionar solo algunos. Cualquier impago, aunque solo fuera mínimo, permanecerá en tu informe y te perjudicará durante seis años. Dejar de pagar la última cuota de una cuenta te costará unos 130 puntos, según una de las agencias

Rompe vínculos con exparejas y excompañeros de piso con los que hayas compartido cuentas.

calificadoras. Una cuenta vencida que pasa a manos de los cobradores o recibir una sentencia judicial te costará más de 250 puntos. Sin embargo, estas cosas desaparecen con el tiempo: al cabo de tres años perderás menos puntos por ellas. Si crees que hay algún error en tu informe, o existe algún impago que consideres injusto o que te desvirtúe, puedes pedir a la agencia de referencia de crédito que lo investigue y añada una nota de hasta 200 palabras en tu expediente (lo que se conoce como notificación de corrección). Explica por qué crees que son injustas. Por ejemplo, puedes argumentar que no pagaste una factura porque habías perdido tu trabajo, pero que ahora tienes un empleo decente.

6. Reduce tus deudas (pero no te preocupes por los préstamos estudiantiles)

Paga cualquier deuda que tengas en la medida de lo posible antes de solicitar una hipoteca: los prestamistas se fijarán en tu "tendencia de saldo" como parte de la puntuación de crédito. Esto no incluye los préstamos estudiantiles. Podría decirse que sería mejor aumentar el enganche que utilizar los ahorros para pagar cualquier préstamo estudiantil.

7. Cuidado con Facebook

   Andrew Montlake, agente hipotecario, me dijo que su sugerencia para quienes buscan solicitar una hipoteca es tener cuidado con lo que comparten en redes. Hay que evitar publicar historias de noches de apuestas, grandes fiestas y gastos suntuosos. También hay que evitar enviar o recibir dinero en efectivo con referencias bromistas. Los bancos han rechazado a personas porque en sus estados de cuenta aparecen cosas como "dinero para drogas".

8. No solicites préstamos de nómina

   Para algunos bancos, los préstamos sobre sueldo (o de nómina) son un verdadero asesino de los historiales crediticios. En algunos casos pueden rechazarte por completo, pero no siempre. Para estar seguros, evita a toda costa los préstamos de nómina al menos durante un año antes de solicitar una hipoteca. Para estar todavía más seguros, jamás solicites uno.

9. Desconfía de las ofertas-demasiado-buenas-para-dejarlas-pasar

   Seguramente has notado que ciertas tiendas en línea y algunas aplicaciones te ofrecen opciones para "comprar ahora y pagar después". El mal uso de esta modalidad puede dañar tu historial, así que yo las evitaría o al menos las trataría con mucha precaución, especialmente si planeas solicitar una hipoteca en el futuro próximo.

Evita a toda costa los préstamos de nómina al menos durante un año antes de solicitar una hipoteca.

10. Consigue una copia de tu historial si planeas una mudanza internacional

    Si tienes pensado cambiar tu país de residencia, solicita una copia de tu historial crediticio a la principal agencia de tu país de origen; luego ponte en contacto con alguna agencia importante de tu país de llegada y pídeles que coloquen una nota en tu expediente donde se afirme que estás dispuesto a compartir una copia de tu historial crediticio.

¡Ya conseguiste para un enganche y puedes costear una hipoteca! Ahora sí, ¿cómo se compra una casa?

Primero, ves una casa que te gusta anunciada en una agencia inmobiliaria. Luego calculas si puedes pagarla obteniendo una hipoteca. En esta fase puedes recibir una "preaprobación crediticia", que es un acuerdo no vinculante que indica la cantidad que te prestará un banco de acuerdo con tus ingresos, gastos y tu calificación de crédito.

Si todo parece estar en orden, presentas una oferta por la propiedad, que con suerte será aceptada por el vendedor. A continuación, buscas a un abogado inmobiliario para que inicie lo que se denomina proceso de transmisión de la propiedad. Posteriormente, encuentras la hipoteca que deseas y haces una solicitud formal. **No tienes que hacerla con el mismo banco que te concedió la preaprobación crediticia.**

Una vez que los vendedores acepten tu oferta, todavía no hay garantía de que te vayan a vender de manera definitiva, porque solo es un acuerdo de palabra. Por ello, existe la posibilidad de que te hagan trampas. Esto ocurre cuando otro comprador puja con una oferta más alta que la tuya y el codicioso vendedor se deshace de ti en favor de los nuevos postores.

Cuídate de las opciones "compra ahora, paga después", usarlas mal puede manchar tu historial crediticio.

Por otro lado, los compradores también suelen ser tramposos. Por ejemplo, si tú, el comprador, bajas tu oferta justo antes de cerrar el contrato. Nada te impide hacer esto, salvo tu conciencia y el riesgo de hacer enojar al vendedor, que puede retirarse. Pero de todos modos mejor no hacerlo: es mal karma.

Cruza los dedos para que no caigas en ninguna trampa, e insiste en que el vendedor retire los anuncios donde se ofrece la propiedad en cuestión (esto es más difícil de hacer con agentes inmobiliarios). En algunos países, la aceptación de una oferta es vinculante legalmente, sujeta en ocasiones a la aprobación de la hipoteca, de modo que ni el vendedor ni el comprador hagan trampas.

El banco realizará una prueba de viabilidad financiera examinando tu historial crediticio y una valuación de la propiedad que quieres comprar. En algunos países también tienes que hacer un estudio de la construcción por tu cuenta para determinar si el lugar se encuentra en buenas condiciones. Por su parte, tu abogado realizará otro tipo de pruebas para saber cosas como el riesgo de inundación que corre el inmueble y que debes pagar tú. Además, tendrás que presionar al abogado para que se realicen rápidamente.

Cuando recibas tu hipoteca y el abogado esté listo podrás intercambiar contratos, un proceso que se lleva a cabo entre tu abogado y el vendedor. En esta fase, normalmente tendrás que pagar el 10 % (si negocias puede ser el 5 %) del valor del inmueble a tu abogado, quien a su vez lo pagará al abogado del vendedor. Asegúrate de tener este dinero listo en tu cuenta bancaria para ser transferido. Algunos bancos necesitan que les avises con algunos días de anticipación.

Debes ser extremadamente cuidadoso cuando transfieras este dinero a tu abogado. Es muy común un tipo de fraude donde las cuentas de correo de los abogados son hackeadas por estafadores que les escriben a los compradores sobre cambios en los datos bancarios originales. Pueden ser detalles tan mínimos como cambios de sucursal o de números de cuenta. Si tienes dudas, llama a tu abogado para saber adónde debes enviar el dinero. Una vez que oprimas "enviar" se habrá ido y no podrás recuperarlo si lo mandas al lugar incorrecto. He visto esto decenas de veces y siempre me rompe el corazón.

En este punto también es necesario que contrates un seguro de inmuebles, una exigencia legal como parte de la recepción de una hipoteca.

Acuerda un día de término en el que vas a transferir el resto del enganche, los honorarios de tu abogado y el pago de escrituración (hablaré de esto más adelante). Tu abogado recibirá el dinero de la institución crediticia y se encargará de enviárselo al abogado del vendedor, ¡momento en el que recibirás las llaves de tu nueva casa!

Debes ser muy cuidadoso al transferir tu dinero. Es común que los estafadores estén al acecho y puedes ser víctima de fraude.

Los muchos otros costos que implica comprar una casa

A la hora de calcular si puedes comprar, debes presupuestar todos los demás gastos inesperados que surgen: escrituración, trámites de las autoridades locales, gastos legales, gastos de peritaje, gastos de tramitación de la hipoteca, gastos del agente hipotecario, seguro del inmueble, camiones de mudanza y, si estás en la posición de vendedor, también gastos de la agencia inmobiliaria.

Cosas que hay que saber: costos de escrituración

El impuesto por la propiedad es el costo más alto cuando te mudas. Se calcula a partir de un porcentaje del valor del inmueble y se organiza por tabuladores. Dependiendo del precio de la propiedad, este puede ser de un 2,5 e incluso 10 %. Varía también dependiendo del país.

Los compradores primerizos están exentos de escriturar inmuebles debajo de ciertos precios, y existen rangos de precios en los que se calcula una proporción entre varios tabuladores. También hay fechas especiales en las que se ofrecen moratorias o descuentos por escrituración. Existen calculadoras que te permiten saber cuánto pagarás antes.

Para calificar como comprador primerizo no debes haber comprado ni heredado ninguna propiedad en ningún país. Las exenciones aplican para casas habitación, no para propiedades para vender o poner en renta.

Transmisión de propiedad

Vas a necesitar un abogado o un asesor inmobiliario para ayudarte a comprar una casa. Tener un abogado que responda a tus llamadas y ponga manos a la obra, te ahorrará muchas molestias, por lo que una recomendación personal es probablemente la mejor manera de conseguir uno. No es necesario recurrir a un abogado local.

El impuesto por la propiedad es el costo más alto cuando te mudas. Los tabuladores varían dependiendo el país.

También tendrás que darle dinero al abogado para pagar cuotas del Registro de Propiedad, que te cobra por poner una casa a tu nombre, así como gastos de peritaje. Así que súmalo a tu presupuesto.

Ponerte en contacto con un asesor inmobiliario antes de hacer una oferta por una casa te hará parecer más organizado y comprometido, además de ahorrarte un tiempo valioso cuando tu oferta sea aceptada y quieras intercambiar contratos lo antes posible.

Peritajes e inspecciones

Cuando recibes una hipoteca el banco tratará de verificar que la propiedad que quieres comprar existe en realidad, así como verificar que realmente vale lo que vas a pagar por ella: el banco no quiere perder dinero si tiene que embargarla.

Por lo tanto, tendrá que llevar a cabo un peritaje de valuación por el que tendrás que pagar (algunas hipotecas incluyen estos gastos en sus créditos). No cometas el error de suponer que se trata de una evaluación integral de las condiciones del inmueble que quieres comprar.

Necesitarás también algún tipo de inspección inmobiliaria realizada por un perito cualificado para comprobar si hay humedad, podredumbre, maleza o un techo que está a punto de derrumbarse. No estás obligado a realizarlo, pero puedes arrepentirte de no hacerlo y darte cuenta de que la casa tiene muchas reparaciones pendientes. Sin embargo, se considera que algunos peritajes no valen ni el papel en el que están escritos, así que investiga qué tipo de peritaje es el más idóneo para el tipo de propiedad que quieres comprar.

Corredores hipotecarios

Para los compradores primerizos es especialmente útil consultar a un corredor o asesor hipotecario independiente que pueda ayudarte a navegar a través de los distintos productos hipotecarios que existen ahí afuera.

Los corredores también pueden ayudar a presionar a la institución financiera y mantener las cosas avanzando sin dificultades, e incluso rellenar los formularios por ti. Algunos corredores cobran honorarios, mientras que otros obtienen comisiones de los bancos con los que se relacionan los prestatarios, ya sea en lugar de o además de los honorarios.

No te dejes intimidar para contratar al corredor preferido de un agente inmobiliario. No tienes ninguna obligación de reunirte con su corredor de confianza. Es ilegal que los agentes inmobiliarios sugieran que el precio de la casa subirá a menos que aceptes su asesoría. Una recomendación cercana suele ser la mejor opción.

Los corredores te recomendarán productos complementarios a la hipoteca, como seguros de vida y cosas por el estilo. Recuerda que no es eso lo que estás buscando y no permitas que te vendan nada a través de la intimidación (más sobre esto en el capítulo 9).

Se considera que algunos peritajes no valen ni el papel en el que están escritos, así que investiga.

ELIGIENDO UNA HIPOTECA

¿De qué se trata una hipoteca?

Es probable que tu hipoteca sea el mayor desembolso financiero que realices en los próximos veinte o treinta años. Elegir correctamente te ahorrará mucho dinero. Sin embargo, hay muchas hipotecas entre las que escoger, así que no es fácil. Un agente o corredor puede ser una buena orientación en el mercado, pero primero necesitas entender en qué te estás involucrando.

El monto de lo que te costará una hipoteca mes a mes durante los próximos años dependerá completamente de lo que compone ese producto hipotecario, así como de la duración de su plazo. La mayoría son una mezcla de amortización de capital, intereses y comisiones de apertura. Estas comisiones son importantes, a veces bastante considerables.

El plazo es el período de tiempo que tienes para pagar la hipoteca. Muchas son a veinticinco años, aunque no es raro encontrar algunas a 40 años. Puedes reducir tu pago mensual optando por un plazo más largo, con el inconveniente de que los plazos más largos acumulan más intereses a lo largo del tiempo. Se trata de un acto de equilibrismo puro.

Asimismo, **una hipoteca con la tasa de interés más barata no siempre es realmente la más barata a largo plazo.** Necesitas calcular si te conviene más una comisión por apertura menor o una tasa de interés ligeramente mayor, o al revés. Los bancos son muy hábiles para atraerte con tasas de interés reducidas que ocultan altísimas comisiones por apertura. También hay que tener en cuenta la flexibilidad. Por ejemplo, si estás esperando un aumento de sueldo en el futuro próximo, ¿puedes adelantar pagos de la hipoteca sin que te cobren comisiones? O, por el contrario, si

Es probable que tu hipoteca sea el mayor desembolso financiero que realices en los próximos veinte o treinta años.

tus ingresos se reducen, ¿puedes retrasarte en los pagos sin que te penalicen?

¿Deberías elegir una tasa de interés fija, variable o ajustable?

Pero antes, ¿qué es una tasa de referencia? Es la tasa de interés básica determinada por las instituciones bancarias de cada país, y es la que se aplica para las tasas de interés hipotecario (así como para las tasas de ahorro) en los bancos e instituciones de crédito.

Después de la crisis inmobiliaria, las tasas cayeron tanto que se hablaba de tasas de interés negativas para tratar de paliar la debacle económica.

Las tasas de interés bajas pueden ayudar a revivir la economía y son buenas para los negocios (los préstamos cuestan menos), lo que a su vez incentiva que la gente gaste en vez de ahorrar.

Pros y contras de las tasas de interés variable

Una de las decisiones más importantes al elegir una hipoteca es diferenciar entre tasas variables, referenciadas o fijas.

Me parece que la tasa de interés variable se explica por sí misma. La institución que te da la hipoteca determina el porcentaje de su tasa variable y puede aumentarla o disminuirla en cualquier momento, por eso cambian. Aunque las tasas variables aumenten a la par de la tasa de referencia, los bancos pueden ajustarlas a su gusto. Para aminorar esto, las instituciones crediticias suelen tener una tasa variable estándar, un promedio, y es al que regresan los tabuladores cuando terminan los plazos de ciertas promociones especiales.

La tasa variable estándar de los bancos suele ser más alta que la de muchas otras ofertas hipotecarias en el mercado, por lo que no es conveniente elegirla a largo plazo, a pesar de que mucha gente lo hace.

Por otro lado, la tasa referenciada o ajustable se aplica a una hipoteca de tasa variable que cambia de acuerdo con la tasa de referencia, también conocida como tasa base. Esto significa que tu hipoteca cambia proporcionalmente a la tasa de referencia. Puedes elegir diferentes duraciones: las hipotecas de seguimiento de por vida permanecen así durante el plazo completo de la hipoteca, digamos unos 25 años, o puedes elegir un periodo de dos, tres, cinco o diez años.

Pros y contras de las tasas de interés fijas

Las tasas fijas son mejores para quien necesita asegurarse de cuánto pagará por su hipoteca cada mes.

Las tasas fijas no cambian con respecto a la tasa de referencia. Permaneces en una tasa específica durante un período de tiempo, por lo general de dos, tres o cinco años, pero también puedes encontrar tasas fijas a 10 años en el mercado.

Elegir una tasa fija o variable depende en gran medida de cuánto quiras apostar a que las tasas de referencia vayan a subir o bajar en el futuro. Las tasas fijas son mejores para la gente que necesita estar segura de cuánto pagará por su hipoteca exactamente cada mes, por eso pueden ser ligeramente más costosas. Debes estar muy seguro de tu decisión, porque si decides pagar anticipadamente encontrarás penlizaciones de salida que pueden elevarse hasta un 5 % del costo de tu hipoteca.

También existen penalizaciones por adelantar pagos, aunque no liquides la hipoteca por completo, aunque algunos productos te permiten abonar ciertos porcentajes anuales si tienes un poco más de dinero disponible o, digamos, si te ganas la lotería. Sin embargo, suelen tener un límite.

Al considerar tus opciones, piensa que cambiar de opinión te generará nuevos costos de apertura. Si te decides por una opción a dos años que no parece muy costosa en un principio, toma en cuenta que pronto tendrás que pagar costos de apertura cuando la vieja tasa llegue a su fin y necesites una nueva.

Por otro lado, la desventaja de optar por una tasa fija a largo plazo, por ejemplo, a 10 años, es que puede ser difícil transferirla a una nueva casa si pretendes mudarte. Algunas hipotecas son "portátiles", por así decirlo, pero si tus circunstancias cambian luego de obtenerla o a tu banco no le gusta el lugar donde pretendes mudarte, las cosas pueden ponerse difíciles.

Revisa muy bien si la letra pequeña le permite al banco aumentar sus tasas referenciadas a pesar de que la tasa de referencia no se mueva. Algunas cuentan con límites que impiden que tu tasa baje demasiado si la tasa de referencia cae por debajo de cierto nivel mínimo.

3. TUS DEUDAS Y CÓMO MANEJARLAS

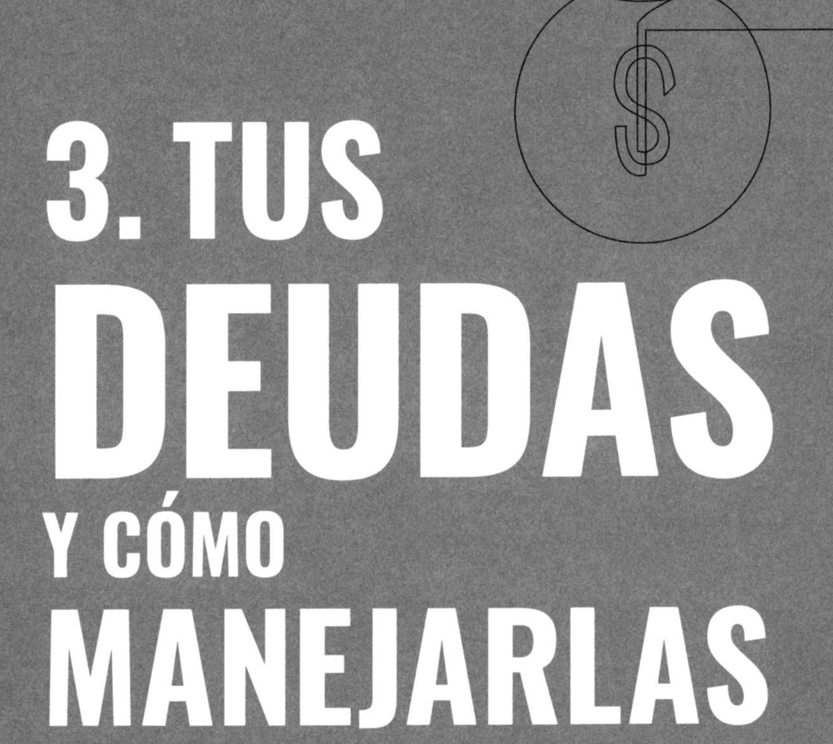

Deuda es una palabra sucia que casi nadie desea pronunciar, por lo que hace algún tiempo la industria de servicios financieros le dio un nombre más atractivo: crédito.

Aunque a muchos de nosotros se nos etiquete como la "generación deudora", lo cierto es que no todas las deudas son iguales. La idea de pedir un préstamo no debería enloquecerte, pues tiene muchos beneficios positivos (tu propio apartamento, educación universitaria, un iPhone, un automóvil, buen historial crediticio) que no deberían hacerte perder el sueño.

Entender el funcionamiento de los préstamos es una de las formas más eficientes de evitar perder dinero, por lo que me parece un tema que vale la pena repasar antes de hablar de presupuestos, cuentas de ahorro o fondos para el retiro. No tiene ningún sentido reservar pequeñas cantidades de dinero si de todas formas estás pagando mucho más en intereses por tarjetas sobregiradas o mínimos a pagar. Así nunca terminarás de saldar las deudas.

Supongamos que vas a pedir 3 000 dólares desde tu tarjeta de crédito a una tasa de interés del 19 % (aunque algunas tarjetas de crédito hoy en día tienen tasas de interés superiores al 50 %). Si solamente fueras a pagar el mínimo mensual de 74 dólares te tomaría 27 años y siete meses saldar la deuda, además de terminar pagando 4 192 dólares adicionales en intereses.

En otras palabras, esos 3 000 dólares iniciales terminarían costándote 7 192. Si pudieras hacer un esfuerzo y pagar 108 dólares al mes, sin ahorrar nada hasta que la deuda estuviese saldada, la terminarías en tres años y pagarías solamente 879 dólares de intereses. En este caso, la deuda te habría costado 3 879.

En este capítulo abordaré las mejores formas para tener y utilizar una tarjeta de crédito, pero ya que hemos hablado un poco sobre las hipotecas, me gustaría empezar con la que para algunos constituye la segunda deuda más grande de sus vidas: los préstamos estudiantiles.

Irónicamente, se trata de la deuda que debería preocuparte menos. Más adelante hablaré de deudas que suelen ser más perjudiciales, y de formas de administrarlas para ayudarte a ahorrar.

Si estás inmerso en una deuda espantosa con un banco o institución de crédito similar, hay acciones que puedes tomar y gente que puede ayudarte en el proceso, por lo que te pido que no dejes que las deudas afecten tu salud mental.

PRÉSTAMOS ESTUDIANTILES

Más allá de la controversia política sobre si los estudiantes deberían pagar o no cuotas de matrícula, además de los costos de la vida universitaria, hay que admitir que los préstamos estudiantiles han tenido una pésima publicidad.

Todos hemos leído terribles historias sobre jóvenes brillantes atrapados en enormes deudas que no terminarán de pagar durante sus veintes, treintas y cuarentas. Aunque esto es técnicamente cierto, las implicaciones son un poco más complicadas. Las connotaciones de esa horrible palabra que empieza con *D* pueden ser enormemente frustrantes, especialmente si creciste en un hogar acechado por las deudas, o si no puedes contar con el Banco Nacional de Mamá y Papá.

Lo que necesitas recordar es que en muchos países una deuda estudiantil no es una sentencia de muerte. Al menos en Inglaterra, no es necesario que pagues nada hasta que tengas la suficiente independencia financiera para hacerlo, sin importar la situación económica de tu familia.

Infórmate sobre la situación de préstamos estudiantiles en tu país de origen, pues suelen tener opciones para comenzar a pagar solamente hasta que termines la universidad, consigas un empleo y comiences a ganar dinero.

Por otra parte, a los bancos y prestamistas no les importan tus circunstancias. Tu deuda con ellos se mantiene a pesar de que tu salario se hunda, razón por la que mucha gente acaba en situaciones complicadas cuando solicitan más dinero del que son capaces de pagar.

Préstamos personales

Si necesitas un pequeño empujón de efectivo para pagar una boda, un automóvil nuevo, un calentador de agua o tus próximas vacaciones, un préstamo personal puede ayudarte.

Se trata de préstamos "sin garantía", en el sentido de que no están atados a una cosa en concreto. Un préstamo hipotecario está "garantizado" en una propiedad: si no puedes pagar, el banco vende tu casa como compensación.

Por otra parte, si no fueras capaz de pagar un préstamo personal, tu deuda será transferida a una agencia de cobranzas. No es lo mismo que un agente judicial, pues el trabajo de las agencias es simplemente pedirte que pagues. Mientras no lo hagas, los intereses seguirán acumulándose, por lo que eventualmente tendrás que declararte en bancarrota. En ese momento es cuando puede presentarse un agente judicial a tu domicilio y llevarse tu televisor.

Los préstamos personales son más caros que las mejores tarjetas de crédito en el mercado, pero por lo general puedes pedir montos un poco más altos, así que toma en cuenta para qué necesitas el dinero.

A los bancos y prestamistas no les importan tus circunstancias. Tu deuda con ellos se mantiene sin importar qué pase.

Un préstamo va a costarte una cantidad fija mensual, más intereses, durante cierto periodo de tiempo. Por eso, **mientras más rápido puedas pagar, más barato será el préstamo, pues los intereses no tendrán mucho tiempo para acumularse.**

Por ejemplo, si pides 10 000 dólares a una tasa de interés del 5 % a dos años, los pagos mensuales serán de 438 y terminarás pagando 517 dólares de intereses. Por la misma suma, pero a un plazo de 10 años, los pagos mensuales serían de 105, pero terminarás pagando 2 663 dólares de intereses.

Por lo general, los préstamos personales te prestan entre 1 000 y 25 000 dólares a plazos de uno a siete años. A veces se ofrecen como préstamos para hacer reparaciones en el hogar o el automóvil. Las etiquetas cambian, pero es lo mismo. Revisa si el préstamo aplica cuotas de penalización para pagos anticipados o retrasados. Incluso puedes encontrarte con comisiones de apertura por solicitar un préstamo en primer lugar.

La publicidad sobre tasas de interés para préstamos y tarjetas de crédito se anuncia como una tasa de interés anual o costo anual total (CAT) representativo. El CAT no toma en cuenta los intereses únicamente, sino cualquier otro cargo que debas pagar además de tu préstamo, cómo las comisiones por apertura. Las palabras "informativo" o "representativo" aparecen en dicha publicidad porque no todos los prestatarios van a recibir el mismo CAT anunciado.

De hecho, solo 51 % de los solicitantes recibirán el CAT que vieron en pantalla. La cantidad que puedes recibir y la tasa de interés que pagarás por ella depende completamente de tu historial crediticio. **Al igual que con las hipotecas, las mejores ofertas son para los mejores historiales.** Si el tuyo no es precisamente bueno, puede que seas parte de ese 49 % que no puede obtener la tasa de interés anunciada ni solicitar tanto dinero.

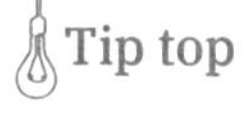

Tip top

Intenta pedir el menor monto disponible y págalo rápidamente. Sin embargo, una de las particularidades del mercado de los préstamos personales es que los bancos te cobran menos intereses mientras

más grande sea el préstamo. Por lo mismo, no es una mala idea pedir un poco más de lo que necesitas, y poner el excedente en una cuenta de ahorros. Por ejemplo, cierto banco te cobrará 15.5 % de interés por un préstamo flexible a dos años de 6 000 dólares. Si pagaras 165.46 dólares al mes, la tasa bajaría a 4.6 %. En cambio, si pidieras 7 500 a cuatro años y la tasa bajara a 4.6 %, pagarías 171.05 al mes y, asumiendo que no la saldes antes, 710.19 de intereses, lo que te ahorraría 1 231.81 dólares. En otras palabras, muchos bancos te ofrecen préstamos personales de 7 500 a un tercio de la tasa de interés que pagarías si pidieras 6 000.

Préstamos de nómina

Si no existieran los préstamos de nómina la gente desesperada tendría que recurrir a usureros, tiburones y prestamistas informales, de los que te rompen las rodillas si no les pagas a tiempo.

Ahora bien, que los préstamos de nómina sean una alternativa ligeramente mejor a las rodillas rotas no los hace necesariamente una buena opción. Evita por todos los medios recurrir a este tipo de préstamos, sobre todo si estás buscando obtener una hipoteca. Además, si no pagas tú préstamo a tiempo, terminará costándote un ojo de la cara en intereses.

Por eso, los préstamos de nómina están hechos para sacarte de una situación inesperada mientras llega tu próximo ingreso y cuando necesitas una rápida inyección de efectivo en caso de emergencia, siempre y cuando sean sumas pequeñas. Por esto mismo se vuelven préstamos tan tentadores, especialmente si puedes solicitarlos desde tu teléfono mientras vas a bordo de un Uber rumbo a la fiesta.

Para recibir el préstamo se te cobrará una enorme comisión en lugar de un costo anual total. Un CAT equivalente a un préstamo personal a corto plazo sería de aproximadamente 1 509 %, pues no se trata de productos financieros pensados para pagarse a largo plazo. La perspectiva cínica, y completamente real, es que el negocio de los bancos consiste en ordeñar a la gente que no tiene control de sus propias finanzas.

Por otro lado, algunas instituciones de crédito hipotecario jamás aprobarían una hipoteca para una persona que haya pedido un préstamo de nómina en el pasado, sin importar que lo pagara a tiempo. Otras no son tan estrictas, pero no ven con buenos ojos que un préstamo así aparezca en tu historial de crédito, por lo que es mejor evitarlos por lo menos un año antes de pensar en comprar una propiedad.

Si no pagas tú préstamo a tiempo, terminará costándote un ojo de la cara en intereses.

Tarjetas de crédito

Si comprendes bien el funcionamiento de las tarjetas de crédito, pueden llegar a ser una herramienta extremadamente útil y barata, incluso lucrativa si acumulas puntos de viajero frecuente o si recibes algún tipo de compensación o recompensas en tus compras.

De hecho, son la mejor forma para pedir prestadas pequeñas sumas de dinero, pero los bancos y compañías de crédito reciben enormes beneficios cuando sobrepasas cierto límite. Su negocio consiste en ofrecerlas de todos tipos y colores, con reglas extrañas y confusas cláusulas microscópicas.

Investiga bien y elige las tarjetas que se adapten a tu estilo de vida. Trata de ser honesto contigo mismo sobre qué tan disciplinado eres en la vida real al momento de sacar el plástico.

De acuerdo con la Financial Conduct Authority (Autoridad Financiera de Reino Unido), los optimistas extremos han mostrado preferencia por tarjetas de crédito cuyas cualidades no corresponden a su comportamiento con préstamos subsecuentes. En otras palabras, el optimismo extremo suele reflejarse en intereses extremos e innecesarios a favor del banco. Un completo desperdicio de dinero que bien podrías aprovechar para el enganche de una casa o irte de vacaciones.

Lo básico de las tarjetas de crédito

Una tarjeta tiene un límite de crédito equivalente a lo que puedes gastar en ella, desde unos pocos cientos hasta varios miles. El tipo de tarjeta que puedas obtener depende de que seas deseable como prestatario. Es decir, si tu historial crediticio es malo, tendrás un modesto límite de crédito, pero este aumenta paulatinamente mientras más tiempo uses la tarjeta. Muchas instituciones de crédito aumentan los límites de manera automática, lo que es algo peligroso si tienes problemas para controlar tus gastos.

El optimismo extremo suele reflejarse en intereses extremos e innecesarios a favor del banco.

Al igual que los préstamos, la publicidad de las tarjetas de crédito muestra un CAT informativo al que solo tendrás acceso si tienes un historial crediticio impecable. El banco también puede negarte la tarjeta, sin más. A la larga, esto puede representar un riesgo, pues cada rechazo deja una mancha negativa en tu historial.

Puede que tus futuros prestamistas no se fijen en cada rechazo que hayas tenido, pero **si acumulas demasiadas solicitudes denegadas en muy poco tiempo, puedes dañar severamente tu calificación crediticia** (puedes volver al capítulo anterior para saber cómo mejorar tu historial crediticio).

Si no estás seguro de poder obtener una tarjeta de crédito, realiza una búsqueda "superficial" en línea, lo cual te dará una idea de qué tipo de límite de crédito y CAT puedes esperar. Todas las tarjetas de crédito te dan un periodo de tiempo dentro del cual debes reembolsar el dinero del que dispongas para que no te cobren intereses. Este periodo o fecha de corte suele ser mensual.

Pero cuidado: disponer de dinero en efectivo en un cajero automático te genera intereses inmediatos. Si puedes evitarlo, no utilices tu tarjeta de crédito para retirar efectivo.

Si te es imposible saldar tu tarjeta de crédito por completo, tendrás que cubrir por lo menos el mínimo a pagar. Se trata de una cantidad fija que debes pagar para evitar que los intereses suban, incluso puedes perder ciertos beneficios si no la pagas, como las recompensas.

Las compañías de crédito aman a la gente que solo paga el mínimo, pues representan toneladas de dinero extra en intereses. Asegúrate de cubrir el pago mínimo cada mes, a pesar de que tu deuda capital sea mínima.

He sabido de casos de gente que paga el doble de la cantidad mínima de un mes esperando que no se lo cobren al mes siguiente. Pero no funciona así: si no pagan la siguiente fecha de corte, recibirán una penalización. Lo mejor es tener una tarjeta de débito para evitar este inconveniente. En resumen, si solamente pagas el mínimo, al pasar el tiempo los intereses crecerán exponencialmente.

Tipos de tarjetas de crédito, pros y contras

1. Tarjetas al cero por ciento de interés

   Pros: si quieres pedir prestada una gran cantidad de dinero en una tarjeta, una suma extra para arreglar tu cocina o para los gastos de una boda, por ejemplo, puedes optar por una tarjeta al cero por ciento de interés. Esto te permite pedir un préstamo sin intereses durante un periodo determinado y solo realizar pagos mínimos sin incurrir en intereses. Los plazos pueden ser largos, incluso de veintiséis meses, lo que significa que tienes más de dos años para devolver el préstamo sin que te cobren intereses.

Las compañías de crédito aman a quienes pagan el mínimo, pues representan toneladas de dinero extra en intereses.

Contras: nunca debes dejar de pagar el mínimo mensual o perderás la tasa del cero por ciento, por lo que, si pediste un gran préstamo o has hecho muchos gastos, podría ser bastante costoso. Debes asegurarte de liquidar el saldo durante el periodo sin intereses o se te aplicarán cargos elevados.

2. Tarjetas de transferencia de saldo al cero por ciento

   Pros: la mejor manera de hacer frente a las deudas de las tarjetas de crédito es cargarlas en una misma tarjeta de transferencia de saldo al cero por ciento. Estas tarjetas te permiten trasladar un "saldo" de otro banco que cobre altos intereses a una tarjeta en la que no tienes que pagar interés alguno durante un periodo de tiempo determinado. De nuevo, este periodo puede ser largo, incluso de veintiséis meses. Si estás pagando intereses por una deuda de tarjeta de crédito, deberías hacer esto lo antes posible.

Contras: al igual que con las tarjetas de compra al cero por ciento, debes realizar los pagos mínimos o perderás la tasa cero. **Asegúrate de liquidarlas a tiempo o pagarás intereses sumamente elevados.**

Las tarjetas de transferencia de saldo suelen tener una comisión, normalmente calculada como un porcentaje de la deuda pendiente, por ejemplo, el 1.99 %. Esto significa que, si trasladas 2 000 dólares, tendrás que pagar 39.8 de comisión. Sin embargo, esto es mucho más barato que la deuda que pagarías con una tasa de interés del 20 %, así que sigue siendo un muy buen trato. Algunas tarjetas de transferencia de saldo no cobran comisiones, pero a veces tienen un plazo más corto del cero por ciento. Si estás seguro de poder pagar tu deuda con relativa rapidez, estas son las mejores. También hay que tener cuidado de no gastar con una tarjeta de transferencia de saldo al 0 por ciento. Si lo haces, se aplicarán altas tasas de interés.

Liquida a tiempo tu tarjeta de transferencia o pagarás intereses muy elevados. Consérvala en tasa cero pagando los mínimos.

3. Tarjeta de transferencia de dinero al cero por ciento

Pros: si necesitas pagar una deuda o quieres un préstamo en efectivo, pero no puedes utilizar una tarjeta de crédito para hacerlo o tienes una deuda personal, puedes obtener una tarjeta de transferencia de dinero. También son una buena forma de pagar un alto interés. Te permiten transferir dinero de la tarjeta a tu cuenta bancaria sin pagar intereses durante un periodo de tiempo determinado.

Contras: haz que el proveedor de la tarjeta transfiera el dinero directamente a tu banco. No saques el dinero de la tarjeta tú mismo, porque pagarás intereses. Al igual que en el caso anterior, toma en cuenta la duración de la oferta del cero por ciento y no la excedas, o pagarás unos intereses de horror.

4. Tarjeta de puntos o recompensas aéreas

   Pros: si estás seguro de que puedes comprar regularmente con una tarjeta de crédito y liquidar el saldo de crédito todos los meses, una tarjeta de recompensas es una buena opción. Ganarás recompensas cada vez que gastes, y algunas de las que están disponibles para clientes con buena calificación de crédito son realmente generosas. Si cuentas con la tarjeta de crédito American Express, por ejemplo, puedes recibir 10 000 puntos de recompensa como bono de bienvenida, que

se pueden convertir en suficientes millas aéreas para financiar aproximadamente la mitad de un vuelo de ida y vuelta a Europa (solo que cuidado, el primer año es gratis, pero luego te cobran unos 140 dólares al año).
Contras: suele ser necesario gastar bastante dinero en tu tarjeta para obtener la recompensa de puntos, por ejemplo, 4 000 dólares en los tres primeros meses de tener la tarjeta American Express mencionada anteriormente, por lo que son mejores si estás a punto de hacer un gran gasto, si estás remodelando tu casa o vas a comprar muchos muebles. No tiene sentido tener una tarjeta de puntos si no es probable que puedas liquidar tu saldo por completo, ya que cualquier beneficio se verá anulado por los intereses.

5. Tarjetas de crédito malo

   Pros: si tienes una mala calificación crediticia, puede que te cueste conseguir una tarjeta de crédito. Sin embargo, se trata de una situación del huevo y la gallina: **obtener una tarjeta de crédito es una de las mejores maneras de subir tu puntuación al demostrar que puedes pedir cantidades pequeñas y devolverlas a tiempo.** Una solución son las tarjetas de crédito que se comercializan específicamente a los que tienen una mala puntuación.

Contras: las tasas de interés pueden ser terribles, de hasta el 39.9 %, así que consigue una solo si realmente necesitas mejorar tu puntuación de crédito y estás muy seguro de que puedes pagar el saldo completo cada mes.

No tiene sentido tener una tarjeta de puntos si no te es posible liquidar tu saldo por completo.

Sobregiros

Los sobregiros no parecen tan terribles, porque los que hemos sido estudiantes nos hemos acostumbrado a recurrir a ellos cuando estudiábamos, cuando podías obtener enormes descuentos sin intereses si se te pasaba hacer el pago de un mes a otro, por ejemplo. Pero no te dejes llevar por una falsa seguridad.

Una vez que termina el periodo sin intereses, son tan caros, a veces más, que los préstamos de nómina.

Existen sobregiros "autorizados" o "no autorizados". El autorizado es el que se contrata cuando abres una cuenta corriente. Muchos bancos te permiten disponer de una cantidad determinada aunque estés en números rojos, en ocasiones sin intereses, aunque la mayoría de las veces tienes que pagar por esta opción.

Si gastas más allá de ese sobregiro, entras en territorio no autorizado, lo que solía costar mucho más. También solía ser muy difícil comparar el costo de los cargos por sobregiro porque algunos bancos cobraban comisiones, otros porcentajes, algunos por día, otros por mes. Si tienes un pequeño sobregiro, lo mejor es conseguir una tarjeta de transferencia de dinero al cero por ciento para pagarlo y cambiar a un banco con menores intereses.

Crédito automotriz

Aproximadamente nueve de cada diez ventas de automóviles nuevos se financian mediante créditos en Reino Unido. Sin embargo, la mayoría de ellos no se "compran". Técnicamente, pides prestado un automóvil que nunca termina de ser de tu propiedad mediante acuerdos llamados planes de contrato personal (PCP).

Con un pequeño sobregiro, lo mejor es conseguir una tarjeta de transferencia de dinero al cero por ciento.

Se trata de préstamos que ayudan a reducir el coste inicial de un auto nuevo. La cantidad que se pide prestada no se basa en el precio total del coche, sino en el valor del vehículo una vez que se llega al final del préstamo, normalmente después de unos tres años, cuando se haya depreciado.

Así es como funcionan: se paga un enganche, normalmente un 10 % del coste actual del auto que quieres comprar. Luego, se pide un préstamo basado en lo que la institución de crédito calcula que el auto se depreciará durante el plazo del préstamo (la mayoría de las operaciones duran dos o tres años) menos el enganche.

Lo pagas mensualmente, más una CAT de entre el 3 y 10 %. Al final del plazo tienes que devolver el auto. Puedes actualizar el plazo para obtener un auto nuevo y, si el anterior no se ha depreciado tanto como se pensaba, puede que tengas algo de "capital" que puedes utilizar con el mismo concesionario para transferirlo a un nuevo vehículo. O bien, puedes optar por pagar un poco más y comprar el auto.

Si eliges esta opción tendrás que pagar lo que se conoce como "pago global". El coste de este pago, medido como un "valor futuro mínimo garantizado" (o nombres similares), se acuerda en el momento de suscribir la operación. Normalmente hay que pagar unos cientos de dólares más para optar por la opción de pago global.

Los PCP son una opción muy rentable si no estás seguro de si quieres o no tener el auto en propiedad, porque las cuotas mensuales son relativamente bajas. Sin embargo, existe otra forma de financiación de autos conocida como *préstamo*, en la que nunca existe la posibilidad de ser propietario y solo se paga por el alquiler del coche durante unos años (como el alquiler de autos para vacaciones), lo que suele ser más barato, así que compara con cuidado. Por desgracia, es menos probable que los vendedores insistentes te ofrezcan esta opción, ya que los concesionarios ganan más comisiones con los PCP.

Existen muchas maneras de terminar atrapado en costosos planes de financiamiento automotriz. La más notoria es con el kilometraje. Cuando calculas la depreciación del valor del auto hay que estimar el kilometraje. Si tus circunstancias cambian y de repente tienes que conducir distancias mucho más largas por el trabajo, podrías tener que pagar más al final de tu PCP o *préstamo* para cubrir esta devaluación. Si devolvieras un coche con 65 000 kilómetros en el contador cuando el límite era de 48 000, podrían cobrarte un extra por cada kilómetro, lo que sumado puede resultar bastante costoso.

Algunas ofertas de préstamo también incluyen costes adicionales de mantenimiento, como neumáticos, impuestos o seguros. También tendrás que pagar una cuota extra por daños o desgaste por encima de lo que se considera razonable, similar a cuando devuelves un coche de alquiler.

Aproximadamente nueve de cada diez ventas de automóviles nuevos se financian mediante créditos.

Algunos tienen una letra pequeña que indica que el coche tiene que ser reparado o revisado en el concesionario principal, lo que puede resultar más caro y menos conveniente que un taller local.

Si no cumples con los pagos de un contrato de alquiler con opción a compra, te pueden embargar el auto.

Es posible que te ofrezcan una oferta con un interés del 0 % o un enganche con descuento, pero ten cuidado: otras partes de la operación probablemente se inflen para compensar, por ejemplo, el pago global.

Préstamos colaborativos (*crowdfunding*)

Puede que te resulte más económico obtener un préstamo personal para comprar un coche por adelantado o para financiar cualquier otro gasto importante a través de un préstamo entre pares o financiamiento colaborativo, en lugar de recurrir a un banco.

Estos nuevos prestamistas son plataformas de *crowdfunding* (financiamiento colaborativo) que eliminan a los intermediarios y sus costosas sucursales operando en línea. Permiten a los ahorradores individuales prestar dinero de manera directa a los prestatarios individuales. Los prestatarios pagan tipos de interés más bajos y los ahorradores obtienen mayores intereses.

No siempre es más barato, así que prueba por ti mismo.

Los préstamos también pueden ser más flexibles, por ejemplo, puedes elegir el plazo de amortización y que no se te cobren comisiones por pago anticipado.

Si eres un ahorrador que utiliza una plataforma de financiamiento colaborativo existe el riesgo de perder dinero, pero tienes menos de qué preocuparte si pides prestado, aunque hay que considerar que los prestamistas podrían solicitar el pago de un momento a otro, lo que podría significar que tengas que sacar dinero rápidamente de otro lado.

Las plataformas de* crowfunding *eliminan a cualquier intermediario y sus costosas sucursales operando en línea.

4. ¿CÓMO HACER PRESUPUESTOS?

“Los cangrejos cavan agujeros de acuerdo al tamaño de sus caparazones y, al igual que el cangrejo, debemos comportarnos de forma proporcional a nuestros medios”. Pero no hay que temer, pues “incluso los monos se caen de los árboles: todos cometemos errores y aprender a manejar tus finanzas requiere práctica”.

Así rezan los aforismos mensuales de temática animal recopilados en un pequeño libro de 2018 (*Kakeibo: el arte japonés de ahorrar dinero*).

Me considero una gran fanática de todo lo japonés. Por ejemplo, el método Kakeibo tiene una tradición particularmente encantadora. Se originó en 1904 y fue popularizado por Hani Motoko, la primera mujer periodista de Japón, como una herramienta liberadora para las mujeres, dando a las amas de casa el control sobre el presupuesto del hogar y, por tanto, sobre las decisiones financieras. Se trata simplemente de adoptar un enfoque racional y consciente de tu dinero.

Sin embargo, Kakeibo termina por ser obvio. La palabra se traduce como "libro de cuentas del hogar". La versión impresa se trata de un cuaderno de notas intercalado con amables proverbios japoneses en el que se anota cada día lo que se ha gastado y se revisa para saber dónde estás fallando.

La mayoría de nosotros vivimos en un estado perpetuo de intentar hacer más dinero para nuestros gastos, sin importar cuáles sean. Y **la única forma de gastar mejor sin ganar más dinero es elaborar un presupuesto.** Sin este, careceríamos de la fuerza mental para no incurrir en excesos, pues estamos programados psicológicamente para tomar terribles decisiones financieras (más adelante lo explico, sigue leyendo).

Sin embargo, hacer presupuestos no es gran ciencia, incluso si viene en forma de un método japonés te invita a darle una oportunidad.

ESBOZAR UN PRESUPUESTO

Lo primero es entender de cuánto dinero dispones realmente y cómo lo gastas. Para ello, puedes utilizar un bonito cuaderno donde escribas a mano tus gastos, incluso con una costosa pluma de gel, de manera que tu mente lo integre mejor.

O bien, puedes recurrir a las siempre confiables hojas de cálculo de Excel, una servilleta o una app en tu teléfono móvil. Existen muchas alternativas en el mercado que te ayudarán a dividir mejor tus gastos y ahorrar rápidamente (y casi sin dolor).

Sin embargo, conozco a personas que ni siquiera pueden mirar su estado de cuenta a fin de mes. Yo solía ser una de ellas. La lucha es dura, pero por desgracia, ignorar el problema no hará que desaparezca. Dicen en Japón que el agua derramada no vuelve a la bandeja. Una vez gastado, ¡tu dinero no volverá! Sin embargo, por suerte, cada mes tienes una oportunidad de empezar de nuevo e intentar derramar menos agua...

El método Kakeibo

Muchos planificadores de presupuestos siguen alguna variante del método Kakeibo, que es el siguiente: escribe la cantidad de dinero exacta que ingresas cada mes, ya sea por tu salario, los ahorros existentes, las ganancias inesperadas o tarjetas de regalo.

Dicen en Japón que el agua derramada nunca vuelve a la bandeja. Así que una vez gastado, ¡tu dinero no volverá!

A continuación, detalla todos tus gastos fijos, es decir, cosas que no varían de precio: el alquiler o la hipoteca, los impuestos municipales y las facturas, el coste del transporte o el cuidado de los niños. Descuenta estos gastos de tus ingresos y calcula lo que te queda disponible para gastar en todo lo demás.

Fíjate un objetivo de ahorro, cierta cantidad que te gustaría ahorrar cada mes. Resta esta cifra de la cantidad que gastas, y luego divide el total restante en semanas. Esa suma es la cantidad que puedes gastar por semana. Luego, todos los días, escribe lo que gastas, anotando los totales diarios junto a ciertas categorías: comida, cerveza, libros o Spotify. **Al final de cada semana y cada mes, reflexiona si estás cumpliendo tu objetivo y piensa en lo que cambiarías para el mes siguiente.**

De este modo puedes llevar registro de tus gastos. Parece simple, ¿no?

¿Cuánto debo ahorrar (y gastar)?

No hace falta decir que la cantidad que quieras ahorrar depende de la cantidad de dinero de la que dispongas, así como de tus compromisos y gustos personales, además del motivo de tu ahorro. Como me dijo un amigo, a todos nos dicen que ahorremos, pero ¿por qué? ¿Para qué estoy ahorrando realmente?

Buena pregunta. Todos conocemos a ese tipo de personas que mueren con millones en el banco sin haberse comprado nunca una camisa nueva.

Dicho lo anterior, incluso si no tienes un objetivo específico para ahorrar (como una casa o vacaciones), **siempre deberías tener algo de dinero reservado para gastos inesperados,** situaciones como perder el trabajo, enfermarte o que se descomponga el refrigerador. Muchas veces son estos gastos inesperados los que obligan a la gente a contraer deudas costosas que luego se convierten en un dolor de cabeza.

No hace falta decir que la cantidad que quieras o puedas ahorrar depende de la cantidad de dinero que tengas.

Me parece útil tener en mente algunas cifras promedio. Algunas personas se guían por la técnica 50/20/30. Esto quiere decir que destinan el 50 % de sus ingresos en lo esencial, como vivienda, facturas, comida y transporte, 20 % para pagar deudas o ahorrar y 30 % en todo lo demás. Pero con los costos de vivienda tan altos como en la actualidad, esta proporción puede parecer poco realista.

Los asesores financieros sugieren que todo el mundo debería ahorrar el equivalente a tres meses de gastos esenciales en una cuenta de ahorro de fácil acceso para "emergencias". Así que si gastas 1 000 dólares al mes en alquiler, comida y energía, deberías tener 3 000 en ahorros.

Si tienes la suerte de tener más de seis meses de ingresos ahorrados para emergencias, podrías poner el dinero a trabajar y generar más intereses, por ejemplo, al guardarlo en una cuenta de ahorro, una cuenta de inversión o una pensión (más información en los siguientes capítulos).

Naturalmente, muy pocos lo consiguen. Algunos estudios afirman que una cuarta parte de las familias británicas no tiene ahorros para emergencias. Asociaciones de ahorro sugieren la meta más realista de ponerse como objetivo tener al menos 1 000 dólares para emergencias o gastos inesperados y así evitar incurrir en créditos de nómina o tarjetas de crédito.

También me parece interesante (y algo alarmante) comparar mis gastos con los de otras personas de una semana a otra. Lo que me hace recordar que esas cenas japonesas gourmet de seis dólares al día equivalen a 2 190 dólares al año.

CÓMO SEPARAR DINERO MÁS FÁCIL CADA MES

Utiliza más efectivo y revisa tus deudas

Durante mis vacaciones favoritas (en Japón, curiosamente), me di cuenta de que los japoneses todavía están muy apegados al uso del dinero en efectivo. Siguen pagando con billetes y monedas en el autobús o por su cena de sashimi en un restaurante. Quizá por eso les resulta más fácil ser conscientes de su dinero.

El pago sin dinero en efectivo, sin contacto, la compra online y la renovación automática hacen que sea sumamente fácil desembolsar, pero sumamente difícil controlar lo que sale de tu cuenta. ¿Por qué crees que a las empresas les gusta tanto aceptar tarjetas? Amazon ni siquiera requiere el CVC (código de verificación de la tarjeta), un obstáculo habitual que al menos a mí puede impedirme hacer una compra especialmente impulsiva. Simplemente porque me disuade la idea de buscar mi tarjeta de débito.

De hecho, **nos resulta psicológicamente más difícil desprendernos del dinero en efectivo, por lo que es menos probable que gastemos más cuando tenemos que pagar con billetes** que cuando usamos medios electrónicos en los que ni siquiera prestamos atención al precio de la transacción.

Si tienes ahorrados más de seis meses de ingresos, podrías poner el dinero a trabajar y generar más intereses.

Dada mi propia dependencia de Apple Pay no debería sorprenderme la cantidad de lectores que me escribieron a *The Times* desesperados por haber estado pagando accidentalmente durante años un teléfono móvil o un seguro de teléfono móvil.

Las empresas se llenan de dinero al hacer que cancelar un servicio sea una enorme molestia: "Para cancelar su suscripción en línea tiene que escribirnos una carta con una pluma fuente que solo puede ser enviada con acuse de recibo por una oficina de correos a 30 minutos de su casa".

Prepara muchos sobres de dinero y págate a ti mismo primero

Sé sincero contigo mismo. Si está en tu cuenta tal vez querrás gastarlo o lo harás sin prestar mucha atención. Y luego actuarás sorprendido por tener un sobregiro en tu tarjeta. Unos cuantos billetes no parecen mucho dinero cuando cobras tu pago. Pero tienes que controlarte y ponerte freno a ti mismo de manera que te sea más difícil realizar gastos impulsivos o que no tengas considerados en tu presupuesto.

1. Dinero en efectivo en sobres

   El método japonés consiste en sacar el presupuesto asignado a cada gasto en efectivo y repartirlo en sobres a principios de mes: un sobre para comida, otro para salidas nocturnas y demás. Solo podrás gastar lo que hay en ellos. Esto también puede hacerte sentir realmente feliz cuando te encuentras un poco de dinero en efectivo que habías olvidado, como el placer desproporcionado de un billete en el bolsillo de un viejo abrigo.

2. Múltiples débitos directos y domiciliación bancaria

   Mi forma de proceder hoy en día es abrir varias cuentas bancarias y de ahorro de fácil acceso, diferentes "sobres" en los que deposito diferentes sumas a través de la domiciliación bancaria.

El método japonés consiste en sacar el presupuesto asignado a cada gasto en efectivo y repartirlo en sobres a principios de mes.

Mis ingresos van a una cuenta y luego pongo ciertas cantidades en otras. Por ejemplo, una cuenta de ahorro para la declaración de impuestos, una cuenta conjunta de gasto corriente con mi pareja, una cuenta de ahorro de fácil acceso para mis vacaciones, hasta ahorro para ropa, y programo las domiciliaciones de manera semanal. Así es más fácil ver cuánto queda y si puedo justificar o no otra fuerte inversión en maquillaje. También me ayuda a ahorrar sumas considerables con el mínimo esfuerzo. Hacerlo de manera semanal me parece más manejable que al mes. Actualmente, algunas aplicaciones de instituciones bancarias te permiten hacer esta separación de manera digital.

Algunos sugieren que guardes pequeñas cantidades en sobres cada día o cada dos días: 5 dólares por aquí, 10 dólares por allá, y antes de que te des cuenta tendrás un buen ahorro. Otros sugieren 1 dólar el lunes, 2 dólares el martes, 3 el miércoles, etc. Pero creo que esto es exagerar un poco la administración bancaria. También puedes probar la dieta del dinero: establece un par de días a la semana en los que solo gastes lo destinado a comida o transporte, o pregúntate si podrías vivir con el 90 % de tu sueldo. En caso afirmativo, intenta hacerlo durante algunos meses.

También puedes establecer periodos de reflexión (o arrepentimiento): cuando quieras comprar algo o estés a punto de pagar las compras de tu carrito online, espera 24 horas o al menos hasta la mañana siguiente.

3. Tarjetas prepagadas

   Igualmente puedes conseguir una tarjeta de prepago y, como si fuera un teléfono de dicha modalidad, puedes cargarla con tu presupuesto para cada semana o mes, y luego usarla para gastar como si fuera una tarjeta de débito, sin el riesgo de pasarte de la raya y caer en números rojos. Eso sí, cuidado con las comisiones de las tarjetas de prepago.

Beneficios de la banca abierta

Existe un número creciente de aplicaciones presupuestarias realmente útiles que también ayudan a controlar los gastos y ahorrar sin que parezca muy difícil.

Las nuevas normas exigen que todos los bancos deben permitirte compartir tu información financiera con otras empresas "de terceros", si das tu consentimiento. Esto se conoce como “banca abierta” y se espera que facilite la gestión financiera de la gente al permitirles comparar sus diferentes cuentas, tarjetas de crédito o ahorros.

Pregúntate si podrías vivir con el 90 % de tu sueldo. En caso afirmativo, intenta hacerlo durante algunos meses.

Empresas de terceros, emprendimientos y otros bancos podrán utilizar tus datos para idear formas innovadoras de ayudarte a gestionar todo en un solo lugar, o analizar tus transacciones y recomendarte productos que se adapten mejor a tus patrones de gasto y estilo de vida.

Antes de la introducción de la banca abierta, algunos bancos decían que no serían responsables de ningún fraude en tu cuenta si compartías tus datos con terceros. Ahora, siempre que el tercero se encuentre “autorizado”, los bancos no pueden utilizar esta excusa.

Depende de ti comprobar que los terceros con los que compartes tu información estén debidamente autorizados por alguna institución financiera. Pues, algunas empresas legítimas no están autorizadas por organismos financieros, por lo que al autorizarles el acceso a tus datos debes tomar en cuenta que no será fácil recuperar tu dinero si cometen un fraude.

Existen dos tipos de servicios que deberás autorizar. El primero es el servicio de información de la cuenta, es decir, cuando un tercero puede ver la información de las cuentas bancarias de varios bancos en un solo lugar. Esta información les sirve para ver tus hábitos de gastos, pero no pueden hacer nada con ella.

El otro son los servicios de iniciación de pagos, en los que podrás pagar desde tu cuenta bancaria en lugar de hacerlo a través de Visa o Mastercard.

Se te solicitará que autorices el acceso a tu información cuando te registres en un nuevo servicio o aplicación en línea. Por otro lado, si crees que hay más que suficientes datos tuyos en línea, puedes optar por ignorar las nuevas normas y solicitar que los terceros no puedan ver tus hábitos bancarios.

Puedes optar por ignorar las nuevas normas y solicitar que los terceros no puedan acceder a tus hábitos bancarios.

Además, tal vez no sea la mejor idea experimentar con la banca abierta si estás a punto de solicitar una hipoteca. Al hacerlo, los bancos tendrán un mayor acceso a los datos de tus gastos, por lo que esas noches de fiesta desenfrenadas pueden jugar en contra tuya si estás solicitando un préstamo.

CONÓCETE A TI MISMO: LO BÁSICO DE LA ECONOMÍA CONDUCTUAL

Hacer presupuestos que sirvan no es una simple cuestión práctica y racional, sino también emocional. Ninguna app ha descubierto aún cómo evitar que ignores tu futuro incierto y te concentres solo en comprar nuevos pares de zapatos.

Ser consciente de tus propias debilidades y complejos irracionales es el primer paso para superarlos. Si descubres que el dinero no te alcanza debido a tus respuestas emocionales, puedes tratar de no cometer los mismos errores. Es ahí donde la economía conductual puede ofrecer su perspectiva.

La economía conductual es un área de estudio que empezó a llamar la atención a principios de la década del 2000, cuando el padre de la disciplina, el también psicólogo Daniel Kahneman, ganó el Premio Nobel de Economía en 2002 por su trabajo junto al difunto Amos Tversky.

La economía conductual o del comportamiento es el lugar donde la economía y la psicología unen sus esfuerzos. Su objetivo es entender mejor por qué tomamos las decisiones económicas que tomamos, y cómo no siempre somos tan racionales como a nosotros (y a muchos modelos económicos tradicionales) nos gustaría creer. Los siguientes son algunos ejemplos de dónde nos equivocamos.

Anclaje

Tenemos la tendencia de pagar de más cuando se nos presenta una cifra muy elevada. Nos inclinamos a elegir los valores medianos y nos "anclamos" a ellos cuando no tenemos una referencia clara de lo que "debería" valer algo.

En otras palabras, esta es la razón por la que un sudor frío me recorre cada vez que tengo que regatear un precio o calcular cuánto dejarle de propina a un mesero.

Un ejemplo famoso de esto es el sistema de propinas de los taxis de Nueva York. Las nuevas terminales de cobro con tarjeta de crédito instaladas en las unidades sugerían automáticamente una propina del 30, 25 o 20 %. Antes de ellas, las propinas oscilaban entre un 8 y 10 % en promedio, pero se dispararon hasta un 22 %.

Los pasajeros sentían que era tacaño dejar "solamente" el 20 %, por lo que dejaban más. El resultado fue de 144 millones de dólares adicionales en propinas cada año para los taxistas. La misma lógica está por todas partes, por ejemplo, cuando eliges automáticamente el segundo vino más caro del restaurante porque no tienes idea de cuál es el mejor, pero no quieres quedar como un avaro. O cuando haces una oferta "atrevida" por una propiedad, aun cuando el precio anunciado por la inmobiliaria es mucho mayor.

Tenemos la tendencia de pagar de más cuando se nos presenta una cifra muy elevada.

La cantidad que estás dispuesto a pagar por algo está sumamente influenciada por la forma en que las empresas "fijan" los precios, pues su objetivo es sacarnos dinero, no ponernos a pensar en cuánto vale algo realmente en términos de lo que sacrificaríamos para conseguirlo, o cuántos días de trabajo nos tomará pagarlo.

Esto ocurre cuando no estamos seguros del valor de algo en particular. Y como no sabemos nada de vinos o del precio correcto de una casa en este caótico mercado inmobiliario, somos especialmente vulnerables a pagar de más.

Sobrevaloramos las ofertas

El anclaje también funciona a la inversa. **Sobrevaloramos cosas gratis o en oferta en vez de pagar un poco más por algo que nos haría más felices.** Seguro te has encontrado en una situación similar en algún momento.

Las tiendas departamentales nos persuaden de comprar más unidades de los artículos que necesitamos cuando vienen empacados con un cintillo de "oferta", sin detenernos a considerar que podríamos comprar un solo artículo de mayor calidad a un precio equivalente o incluso mayor al de la supuesta oferta.

Las empresas están conscientes de esto y nos enganchan con productos más costosos a través de muestras gratis o periodos de prueba.

El efecto de dotación

Esto también funciona porque no somos muy buenos para limitar las pérdidas, y tendemos a sobrevalorar las cosas que ya tenemos. Este es el efecto de dotación. Cuando hemos tenido o usado algo durante cierto tiempo, ya sea algo tan grande como una casa o tan tonto como una suscripción a Netflix, nos sentimos comprometidos con eso y lo valoramos más de lo que lo haríamos si nunca lo hubiéramos tenido.

Sobrevaloramos cosas gratis o en oferta en vez de pagar un poco más por algo que nos haría más felices.

Por eso la gente infla en exceso el valor de su propia casa cuando la vende, y se sienten agraviados porque la joven pareja que la visita no sepa valorar cuánto tiempo y atención dedicaron sus dueños originales a elegir los feos colores de los tapices. Por eso no puedes dejar de ofrecer más dinero por un producto en subasta en eBay cuando ya decidiste que quieres tenerlo, incluso más de lo que hubieras pensado ofrecer antes de la subasta.

Se trata de la razón por la que no cancelamos la subscripción a Amazon Prime después del periodo de prueba gratuito, o por qué sentimos la necesidad irracional de permanecer en el mismo banco del que hemos sido clientes por treinta años.

Aversión a la pérdida

Vinculado al efecto de dotación, la aversión a la pérdida ocurre cuando elegimos irracionalmente no perder algo en vez de ganar otra cosa, incluso mejor. Por ejemplo, múltiples estudios han demostrado que **sentimos más molestia al perder 100 dólares que felicidad al ganar los mismos 100 dólares.** De ahí se deduce que tenemos una irracional aversión al riesgo, incluso cuando se trata del riesgo de ganar más dinero (como en la bolsa de valores), al aceptar cosas como el pago de pensiones de nuestros empleadores o pagar nuestros impuestos, porque esto representa renunciar a parte de nuestro salario, aunque las ganancias superen con creces las pérdidas.

Mentalidad de rebaño

Esta es la razón por la que los *influencers* de Instagram ganan millones en patrocinios, o por qué la gente hace fila para entrar a ese restaurante que, aceptémoslo, no es tan bueno. Si mucha gente valora algo es probable que nosotros también lo hagamos, sin importar el valor objetivo de dicho producto. Nos acoplamos al rebaño cuando valoramos mucho algo que hemos valorado en el pasado, como el costoso celular que compramos cada dos años en su versión premium solo porque es lo que hemos hecho durante mucho tiempo, sin detenernos a pensar si su antiguo valor sigue vigente, o que tal vez nosotros y el mundo hemos cambiado desde entonces. Sin embargo, a la compañía que los fabrica no le importa esto, pues sabe que seguiremos comprándolo (y ellos seguirán subiendo su precio).

5. ¿DÓNDE AHORRAR?

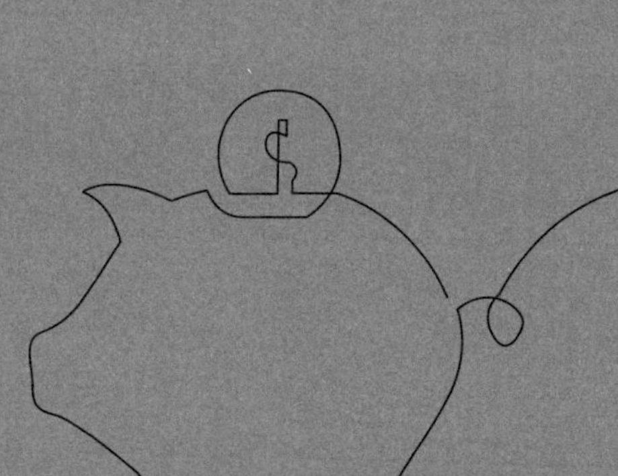

Has aprendido a hacer un presupuesto y a calcular cuánto dinero puedes reservar. Ahora sigue decidir dónde vas a ponerlo. Lo primero es entender un par de cosas sobre las tasas de interés.

TASAS DE INTERÉS VERSUS INFLACIÓN

El interés es la recompensa que obtienes por poner tu dinero en una cuenta de ahorro, es la cantidad que un banco te paga por tener tu dinero, por decirlo así, lo que en teoría hace que tus ahorros crezcan.

Sin embargo, **los tipos o tasas de interés tienen que ser lo suficientemente altos como para compensar la inflación, de lo contrario se pierde dinero.** La inflación es la forma en que las cosas que compramos, los bienes y servicios, suben de precio a lo largo de los años (en cambio, la deflación es cuando su valor cae).

Una barra de pan o unos boletos para un partido de fútbol no cuestan lo mismo hoy que en 1891. Si conservaras un billete de 20 dólares durante cuarenta años, no podrías comprar tantas cosas hoy como entonces.

La inflación se calcula de varias maneras, pero las medidas de las que tal vez has escuchado son el Índice de Precios al Consumidor (IPC) y el Índice de Precios al por Menor (IPM). Estos índices se elaboran a partir del estudio de la subida o bajada del coste de la canasta básica de productos y servicios.

El IPC y el IPM registran cosas diferentes. El IPM incluye los costes de la vivienda, por ejemplo, y se calculan de forma diferente, por lo que los índices no son los mismos. Por lo general, el IPC es más bajo y tiende a ser la medida estadística nacional de la inflación.

La canasta básica comenzó a utilizarse como unidad de medida en 1947 y, con el tiempo, ha incluido productos muy diversos, desde leche condensada, aceite para lámparas, CD-ROMs, botellas reutilizables de agua e incluso lociones de bronceado.

Las tasas de inflación se registran mediante porcentajes. Al momento de escribir esto, la tasa de inflación es relativamente baja en Inglaterra, del 0.2 %, lo que significa que los productos que compremos hoy serán en promedio 0.2 % más caros de lo que eran el año pasado. O bien, que necesitas 0.2 % más dinero hoy para comprar las mismas cosas que comprabas hace un año.

Siempre que escuches la expresión "regulado por índices", significa que dicho producto o servicio sube al ritmo de la inflación. Las pensiones del gobierno están reguladas por índices, por ejemplo, al igual que los reembolsos de préstamos estudiantiles y algunos salarios. En cambio, se habla de salarios "congelados" cuando estos no están vinculados a un índice de inflación y, por tanto, no suben tan rápido como el costo de las cosas que comprabas antes, por lo que básicamente estás ganando menos que en años previos.

Las pensiones del gobierno se regulan por índices, igual que los reembolsos de préstamos estudiantiles y algunos salarios.

Los gobiernos publican anualmente las expectativas de inflación, y los bancos centrales suelen ser los encargados de determinar la tasa de interés de cada país, la cual se utiliza como referencia en las operaciones de los bancos comerciales.

Ambas unidades están ligadas: cuando sube la inflación, la tasa de referencia también sube. Una tasa de interés más alta hace que las personas gasten menos y ahorren más, lo cual tiende a disminuir la inflación. Esta es una forma muy complicada de decir que la inflación es nociva para los ahorros, por lo que es importante tratar de protegerlos con una generosa tasa de interés. Por desgracia, esto es difícil de lograr.

En el segundo artículo que publiqué en *The Times* en 2008, escribí que las mejores cuentas de ahorros ofrecían un retorno del 6.6 % de interés. Al momento de escribir este libro, la mejor tasa que puedes encontrar es del 0.96 %, e incluso estas son escasas. Las cuentas de ahorros pagan menos de 0.5 %, por eso debes ser precavido con la cuenta que escoges.

Desde la crisis crediticia, las tasas de interés han caído a niveles históricos. Esto ha beneficiado a los pequeños empresarios y a quienes buscan obtener una hipoteca, debido a que pueden pedir prestado a una tasa de interés más barata. Pero también significa que ahorrar no es muy lucrativo, lo que vuelve la vida en general más costosa para quienes tratan de reunir el capital para un enganche inmobiliario.

El "tipo del banco central" o "tasa de referencia" se establece aproximadamente ocho veces por año y tiene una gran influencia en las tasas de interés que los bancos ofrecen para hipotecas y cuentas de ahorros. En julio de 2007 la tasa de referencia era de 5.75 %. Pero seis meses después de que escribí mi primer artículo para el *The Times*, el Banco de Inglaterra la había recortado al 0.5 %, donde permaneció hasta 2016, cuando bajó a 0.25 %. En marzo de 2020 cayó a 0.1 %. Esto significa que los ahorradores han estado perdiendo dinero en sus cuentas de ahorros durante años.

Desde la crisis crediticia, las tasas de interés han caído a niveles históricos.

Como respuesta, muchos sugieren dejar de ahorrar en cuentas para tal efecto y comenzar a invertir en el mercado de valores, el cual, por lo general, ofrece atractivos retornos superiores a la inflación.

Pero esto solamente es recomendable si te puedes permitir olvidarte de tus ahorros durante unos 5 o 10 años. En el siguiente capítulo explicaré los pormenores de invertir a largo plazo. Para los ahorros de corto plazo lo mejor es el efectivo, pero tienes que considerar dónde ponerlo para minimizar lo que pierdes debido a la inflación.

A continuación, te muestro algunas opciones de ahorro, así como sus pros y contras.

CUENTAS DE AHORRO PARA TOMAR EN CUENTA

Cuentas corrientes

Existe una gran probabilidad de que sigas teniendo la misma cuenta corriente que creaste para tu primer trabajo.

No hay nada de malo en ello, pero es posible ganar algo de dinero cambiándola de vez en cuando. Con una tasa de ahorro tan baja, algunas cuentas corrientes ofrecen tasas de interés "en créditos" más atractivas mientras mantengas el dinero en tu cuenta. También es posible tener varias cuentas corrientes. **Puede que algunos bancos incluso te ofrezcan bonos o incentivos por abrir una cuenta con ellos.**

Si viajas a menudo, vale la pena buscar una cuenta con una tarjeta de débito que no te cobre comisiones por transacciones internacionales. Si en cambio sueles incurrir en sobregiros, elige la cuenta que ofrezca las comisiones más baratas. Revisa el capítulo sobre deudas para repasar esto.

Muchos se desaniman al pensar la gran molestia que supone anunciarle a todo el mundo los datos de su nueva cuenta y cambiar las domiciliaciones de servicios. En realidad, se realiza automáticamente. Cuando abras una nueva cuenta, tu nuevo banco cerrará la anterior, y la información se actualizará en unos siete días. Cualquier cargo que se aplique durante el proceso se reembolsará automáticamente, al igual que cualquier pago que se haga a la cuenta equivocada hasta por tres años. Tu banco se pondrá en contacto con la empresa para comunicarle tu cuenta.

Cuentas de ahorro de fácil acceso

Pros: te permiten disponer de tu dinero inmediatamente, pero hay que leer la letra pequeña: algunas te permiten retirar tantas veces como necesites, pero otras pueden limitar el número de operaciones anuales, o bien, descontar los intereses de los meses cuando se retira.

Contras: no ganarás mucho de sus bajas tasas de interés. Lo que pagas es la flexibilidad de la cuenta.

Si viajas a menudo, busca una tarjeta de débito que no te cobre comisiones por transacciones internacionales.

Cuentas de preaviso

Pros: al igual que con las cuentas de fácil acceso, puedes sacar tu dinero cuando quieras sin penalización, pero suelen pagar un poco más de interés.

Contras: tienes que avisar al banco con treinta o noventa días de antelación antes de que libere tu dinero, por lo que no son ideales si llegas a necesitarlo de manera urgente.

Bonos de interés fijo

Pros: son las cuentas de ahorro que pagan más mientras más grande sea la suma, y tienen mayores probabilidades de superar la inflación.

Contras: para obtener la gran recompensa debes mantener tu dinero bajo llave y no tocarlo durante el plazo acordado. Puedes obtener bonos de interés fijo en distintos plazos, por lo general de uno a cinco años. **Cuanto más tiempo guardes tu dinero, mejor será el tipo de interés.** Sin embargo, considera que mantener tu dinero bloqueado durante cinco años puede hacerte perder las subidas de interés que se produzcan en ese tiempo.

6. ¿CÓMO INVERTIR EN LA BOLSA DE VALORES?

Realicé una pequeña encuesta informal entre mis amigos y familiares para saber si alguno había invertido su dinero en acciones de la bolsa. Casi todos, tanto hombres como mujeres, se rieron de mí. Aunque no quisieron admitirlo en un principio, muchos ni siquiera sabían qué es una acción ni cómo funcionan.

Sin embargo, a pesar de que muchos de ellos son trabajadores independientes, no es verdad que mis amigos no inviertan. Los trabajadores de tiempo completo son colocados automáticamente en un fondo de pensiones desde su lugar de trabajo, incluso si, como la mayoría de la gente, no entienden casi nada al respecto.

A su vez, muchos fondos para el retiro se invierten en el mercado de valores. Por ello, si en tu trabajo te inscribieron a un fondo de pensiones de inclusión automática y no has realizado ningún trámite para cambiarlo, tú también estás invirtiendo en la bolsa.

Con todo, cuando se trata de invertir activamente algún dinero, la actitud general suele ser de: a) "¿No hay que ser millonario para eso?", b) "¿No hay que ser bueno en matemáticas para eso?"; c) "¿No tienes que saber qué estás haciendo?"; d) "¿No es para gente que va al club de golf?".

Las respuestas breves son no, no y no. Excepto la parte del club de golf que es un tanto cierta, lo cual me molesta un poco. La gente que se siente más segura en cuestiones financieras (como los hombres de mediana edad vestidos a la última moda del mundo del golf) tienden a generar más dinero que el resto, y lo hacen parecer algo muy impresionante y difícil de hacer.

De hecho, a menos que seas tan codicioso como el personaje de Leonardo DiCaprio en *El lobo de Wall Street,* generar retornos de inversión que te ayuden a aumentar tu dinero rápidamente no es mucho más complicado que abrir una cuenta de ahorro. No tiene mucha ciencia y te tomará una o dos horas de alguna tarde después del trabajo.

Para aquellos que son tan inseguros en lo financiero como yo: por favor, **no dejes que la idea de que no sabes lo suficiente sobre inversiones te desanime de intentarlo.** Tampoco caigas en los que tratan de asustarte con los riesgos. Existen muchas formas de invertir, algunas más "peligrosas" que otras.

Las que seguramente conoces a través de Hollywood son las que involucran al típico cretino ególatra que vive al límite, como Gordon Gekko o los tipos de *La gran apuesta*, que apuestan contra toda probabilidad mediante estrategias riesgosas y le ganan al mercado a pesar de enfrentarse a un panorama nada alentador. La idea de esta especie de juego de apuestas glorificado es mala para los principiantes, y no es algo de lo que vaya a hablar en este capítulo.

Comprar y vender acciones de una compañía puede ser divertido e interesante si te sobra un poco de tiempo y dinero, pero si lo que quieres es invertir dinero que no puedes perder, o tu objetivo involucra una meta vital, como jubilarte cómodamente o criar a tus hijos con tranquilidad, mejor comienza por lo básico. Lee un poco sobre las criptomonedas y los *bitcoin*: son geniales si te gustan las apuestas, pero no tanto si quieres guardar tus ahorros para el retiro.

Existen muchas formas seguras de invertir. En los fondos de inversión, por ejemplo, contratas a alguien para que mueva tu dinero por ti según las variaciones de los índices de la bolsa de valores (al final de este capítulo no tendrás problema en comprender todo esto).

También puedes investigar un poco y decidir dónde poner tus propios fondos. Seguir ciertas reglas de oro hará muy poco probable que, a largo plazo, termines con menos dinero del que pusiste en un principio.

De hecho, aunque parece más seguro poner tus ahorros en un banco o debajo de tu cama, es más probable que pierdas dinero de esta forma debido a la inflación y a las terribles tasas de interés.

Para salir de dudas fui a preguntarle a Jason Hollands, director de gestión de la administradora financiera Tilney, ¿qué tanta razón tenían mis amigos preocupados por perder su dinero en inversiones al preferir dejarlo en el banco?. Me respondió que es **muy fácil percibir el riesgo como algo inherentemente "malo", pero en el mundo de las inversiones no lo es, pues cierto grado de riesgo es muy importante,** debido a la relación fundamental que existe entre el riesgo y la recompensa.

Esto no significa que tomar un gran riesgo es garantía de una gran recompensa, por supuesto, pues si así fuera no existiría riesgo alguno; lo importante es que mientras más riesgo asumas, mayor será el rango potencial de resultados, y si no estás listo para correr ningún riesgo, las recompensas serán sumamente bajas. El problema suele ser que los inversionistas no tomen suficientes riesgos y jueguen a la segura, no lo contrario.

Para invertir con seguridad, debes estar listo para poner cierta cantidad de dinero bajo llave durante un largo tiempo, el plazo ideal es el máximo que te sea posible, con un mínimo de cinco años, pero de preferencia 10 o más. Si el costo de la vida sigue siendo un problema para ti, ya sea porque tu ingreso se va parcialmente en deudas o porque los salarios no suben, puede ser difícil no tocar una gran cantidad de dinero durante largo tiempo. Antes de dejar ese dinero, asegúrate de tener algunos ahorros para emergencias en una cuenta de acceso rápido.

En cambio, si tienes algo de dinero sobrante o inesperado, tal vez como resultado de una herencia o premio, definitivamente puedes hacerlo crecer. Invertir en la bolsa de valores es genial para aquellos que quieren ahorrar para su jubilación o están pensando en tener hijos en el futuro, así como para conseguir ciertas metas de la madurez, como el enganche de una casa, si no planeas comprar una propiedad durante la próxima década.

No existe un momento perfecto para empezar una familia, lo mismo para invertir, aunque a diferencia de lo primero, es mejor comenzar a invertir cuando eres joven. Así tienes más tiempo de calibrar las subidas y bajadas del mercado, y beneficiarte de la magia de los intereses compuestos. A continuación, un ejemplo de ellos.

Supongamos que inviertes 1 000 dólares durante el primer año y obtienes un 5 % de rendimiento. Esto quiere decir que, para el segundo año, tendrás 1 050 más el 5 %. Dicho de otra forma, ese 5 % de interés del segundo año no se multiplicará por 1 000 sino por 1 050, lo que te dará como resultado 1 102.5 para el tercer año, y así durante décadas. Incluso si en uno de esos años tuvieras un rendimiento menor a ese 5 %, al final seguirás teniendo más en la bolsa de lo que pusiste en un principio. De ahí la importancia de no tocar el dinero durante el mayor tiempo posible para obtener la mejor recompensa. En 20 años, tus 1 000 se habrán convertido en 2 653.3, no está nada mal ¿o sí?

La gestora de inversiones Nutmeg lo ilustra muy bien. Partiendo de los datos del mercado bursátil de Reino Unido entre 1970 y 2017, si hubieras invertido en él durante un solo día en cualquier momento desde entonces, habrías tenido un 53.5 % de probabilidades de obtener ganancias en tu inversión, más o menos lo mismo que lanzar una moneda al aire.

Si inviertes durante un mes, la probabilidad se eleva al 62.8 %; durante un año, al 77.8 %; durante los diez años recomendados, 98.6 %. Alguien que haya invertido en la bolsa durante más de 11.1 años en cualquier momento de este periodo no habría perdido dinero. Si estás dispuesto a dejarlo durante más tiempo, puedes permitirte invertir en activos mucho más arriesgados, que producen un mejor rendimiento.

He aquí un ejemplo de la plataforma de inversión AJ Bell. Si ahorras 500 en una cuenta de ahorros con una tasa de interés del 1 %, su valor será de 744 al cabo de cuarenta años. Si pusieras lo mismo en una cuenta de ahorro en acciones, con un rendimiento del 4 % después de los gastos de inversión (esta es una cifra muy prudente, muchas inversiones ganan mucho más, el doble o el triple incluso), tendría un valor de 2 400. Con la inflación al 3 % anual, el valor de los 500 iniciales se reducirían a 223 en una cuenta de ahorro en efectivo, menos de la mitad de la cantidad que invertiste originalmente, mientras que la inversión habría crecido en términos reales hasta los 744.

A diferencia de una tasa de interés promedio al ahorrar en efectivo, es difícil definir una rentabilidad "media" de la inversión, pero a lo largo de los veinticinco años transcurridos hasta 2018, el FTSE All Share (un índice de empresas en las que uno puede invertir, lo explicaré más adelante) produjo una rentabilidad total del 9.48 % anual.

No hay garantía de que los próximos veinticinco años sean tan buenos (mira lo que pasó con los mercados cuando comenzó la cuarentena de marzo de 2020), pero también podrían ser mejores de lo esperado. Muchos expertos tienden a utilizar el 4 % o el 5 % como una estimación conservadora de rendimientos para un inversor a largo plazo que asume un riesgo muy razonable. **Todo depende del riesgo que se decida elegir y del desempeño de las acciones mismas, así como de los gestores de fondos que contrates.**

Te hablaré un poco más de todo esto, pero primero es necesario familiarizarte con las palabras más extrañas de la jerga del inversionista. Necesitas tener una idea de qué son los "activos" para invertir en ellos.

¿QUÉ SON LOS ACTIVOS?

Los activos son dinero en efectivo y propiedades. Tú estás "invirtiendo" al comprar un departamento con la esperanza de que su precio aumente, para que cuando lo vendas obtengas más de lo que pagaste al comprarlo.

También puedes invertir en propiedades comerciales, como oficinas o centros comerciales, a través de fondos, acciones o participaciones (a efectos de este libro, serán básicamente lo mismo), bonos y materias primas.

A los inversionistas exitosos les gusta tener una "cartera mixta", una colección de inversiones compuesta por varios activos. **La cosa es, como dice el dicho, no poner todos los huevos en la misma canasta.** Si los precios de la vivienda o las tasas de interés caen, al menos tienes tus acciones para cobrar cómodamente una jubilación.

Necesitamos hablar de acciones y participaciones

Al igual que los seres humanos, las empresas necesitan dinero en efectivo para echar a andar, crecer, sobrevivir y tener éxito en este capitalismo global en el que vivimos.

Tomemos como ejemplo la deliciosa marca de mantequilla de maní Pip & Nut, creada por la hermana de un compañero de la universidad, la encantadora Pip. Ella tuvo la inteligente y sencilla idea de crear una empresa que fabricara y vendiera mantequilla de maní saludable mientras entrenaba para el maratón de Londres. Su tentempié después del entrenamiento era un pan tostado con mantequilla de maní, por lo que rápidamente notó un nicho de mercado para una marca que no tuviera azúcar refinada ni aceite de palma.

Al igual que los seres humanos, las empresas necesitan dinero en efectivo para vivir en este capitalismo global.

Pero no puedes fundar una empresa de la nada. Pip necesitaba encontrar dinero (o "capital") de alguna manera para comprar todas las almendras, el aceite de coco y la sal, el personal y la maquinaria para triturarlas, ponerlas en tarros, además de diseñadores para crear una etiqueta para dichos tarros, así como escribirles a las tiendas y negociar para que le permitieran vender su nuevo producto en ellas. Y demás.

¿Dónde conseguir capital? Una opción era vender pequeños pedacitos de su nueva compañía, pequeñas "participaciones" o "acciones" (no son lo mismo, pero no hay que entrar en detalles) de ella, con la promesa de que, si la empresa es exitosa, dichos pedacitos serán más valiosos, y sus propietarios podrán venderlas por más dinero del que pagaron por ellas.

Las participaciones o acciones constituyen por completo el capital social de la empresa, por lo que cuando participas de la propiedad de una empresa, te corresponde un porcentaje de sus pérdidas y ganancias.

A la gente que compra estas acciones se les llama accionistas o socios, y se beneficiarán de la idea de Pip tanto como ella si su empresa es exitosa. Si todo el mundo se vuelve loco por su producto y la empresa genera ganancias, los accionistas pueden vender sus acciones a un precio mayor del que tenían cuando las compraron.

Cuando una compañía se va a la estratósfera y vale una fortuna, sus accionistas o los inventores se vuelven asquerosamente ricos. Piensa en lo que valen esos fragmentos que Zuckerberg y sus amigos se repartieron en 2004 de una pequeña idea para publicar fotos de fiestas e información personal en línea en un sitio web llamado Facebook.

Cuando participas de la propiedad de una empresa, te corresponde un porcentaje de sus pérdidas y ganancias.

Una compañía puede poner a la venta una sola acción o cientos de millones de ellas. Apple, por ejemplo, tiene más de 5 mil millones. Alphabet, filial de Google, cerca de 300 mil.

Tenemos que hablar del mercado de valores

Una empresa puede ser privada o pública. Cuando una empresa como Pip & Nut o Facebook va comenzando, puede vender acciones a su familia y amigos (mi antiguo compañero compró algunas), empleados o inversionistas profesionales o empresas de capital de riesgo. A estas se les llama acciones no cotizadas, o bien, capital privado o de riesgo.

Pero comprar acciones de la compañía Pip & Nut apostando por su éxito futuro no te brindará beneficios automáticamente al comprar acciones, a menos que la compañía se haga "pública" y se convierta en una sociedad anónima (S. A.).

Las empresas deciden hacer esto para recaudar dinero de un mayor número de inversionistas, como hizo Facebook. Pero las empresas deben crecer un poco antes de hacerse públicas. Una vez que lo hacen, cualquier persona puede comprar acciones de ellas mientras estén disponibles. Las empresas suelen emitir cierto número de acciones y luego las venden (con la esperanza de hacerlo a un mayor precio y generar así una ganancia).

Esta compraventa de acciones se hace a través del mercado de valores (un valor es básicamente lo mismo que una acción), que se compone de operaciones sobre acciones "cotizadas".

El mercado o bolsa de valores solía ser un lugar donde la gente se reunía para hacer negocios sobre la cotización de las acciones, aunque hoy en día todo se hace en línea mediante plataformas especializadas. La Bolsa de Londres es una de las más antiguas del mundo. La Bolsa de Nueva York, en Wall Street, y el NASDAQ son las más grandes.

Tenemos que hablar de los distintos tipos de acciones

Existe una enorme variedad de empresas de todo el mundo cuyas acciones cotizan en la Bolsa de Londres, desde pequeñas empresas locales británicas valoradas en menos de un millón de dólares hasta enormes conglomerados internacionales, valorados en más de 90 000 millones. **El valor bursátil de cualquier empresa se basa en el valor total de sus acciones en un momento dado.**

El valor de cada acción (y, por tanto, de la empresa) sube y baja en función de la cantidad de gente que quiere un pedazo de una empresa en particular, así como de las acciones emitidas para venta que estén disponibles. Es una cuestión básica de oferta y demanda. Por eso escuchas en las noticias que los precios de las acciones se desploman después de que una empresa hace algo mal, por lo que parece menos probable que genere ganancias.

Por ejemplo, las acciones de Tesla se desplomaron después de que su multimillonario propietario, Elon Musk, publicara un tuit en el Día de los Inocentes afirmando que la compañía estaba en bancarrota.

El valor de cada acción sube y baja en función de la cantidad de gente que quiere un pedazo de alguna empresa.

Si una empresa tiene 100 acciones y cada una de ellas vale un dólar, el valor de la empresa o, propiamente, su capitalización, sería de 100 dólares. Las empresas más grandes de la bolsa se conocen como de gran capitalización; las más pequeñas, de pequeña capitalización; y las intermedias, de mediana capitalización. **Las acciones de las empresas de gran capitalización también pueden denominarse acciones de primera categoría.**

Las acciones pueden dividirse en diferentes categorías: defensivas o cíclicas, de crecimiento o de producción de ingresos. Estas categorías se basan en las características de determinados tipos de empresas, en el producto o servicio que ofrecen y en la probabilidad de que se produzcan pérdidas o ganancias en determinados momentos.

Las acciones defensivas son acciones de empresas que tienen buenos resultados a pesar de que la economía en general sea un desastre, porque producen cosas que la gente necesita siempre necesita sin importar cuánto dinero tengan: empresas que producen medicamentos, alimentos o energía, por ejemplo.

Las acciones cíclicas se comportan mejor o peor en función de la evolución de la economía. Piensa en los bancos (que sufrieron durante la recesión cuando la gente empezó a retirar sus ahorros o no pagaban sus hipotecas) o las empresas de ropa (menos personas compran un traje nuevo cuando están preocupadas por su situación laboral, pero se permiten ciertos lujos cuando reciben un bono en el trabajo).

Las acciones de renta pueden referirse a acciones de empresas muy conocidas y establecidas. Estas empresas suelen ser más estables y fiables. Han existido desde hace años. Y estás familiarizado con ellas. Tienen clientes y proveedores establecidos, por lo que se puede apostar a que seguirán existiendo durante un tiempo más y que continuarán ofreciéndote un rendimiento constante de tu inversión. Piensa en compañías petroleras o de energía, por ejemplo, como Shell.

Las acciones defensivas son acciones de empresas que dan grandes resultados a pesar de la economía.

Además de beneficiarse de cualquier subida de valor de estas empresas, los inversionistas también obtienen rendimientos constantes sobre las acciones de renta a través de lo que se conoce como "dividendos". Se trata de un pago periódico de una parte de los beneficios de la empresa a los accionistas, parecido a los intereses de una cuenta bancaria. Puedes retirar estos pagos en efectivo y gastarlos, o reinvertir para beneficiarte aún más de la capitalización.

Las empresas más nuevas, como cuando sales con alguien en una segunda cita, tienen todo el potencial para ser mucho más emocionantes que otra noche aburrida noche a solas viendo Netflix, pero también son más inestables, pues han tenido que enfrentar menos retos. Estas pueden ofrecer acciones de "crecimiento". También suelen pagar dividendos, pero los "rendimientos" o la rentabilidad de los dividendos suelen ser menores. La rentabilidad proviene más del crecimiento del capital en su conjunto. Amazon es un buen ejemplo.

Necesitamos hablar de los índices del mercado bursátil

Se necesita alguna medida para evaluar el comportamiento de todos los tipos de acciones, así como el rendimiento del mercado de valores en general, este es un buen indicador de la salud de las empresas y, por lo tanto, de la economía de un país.

Para eso sirven los "índices". Hay toneladas de índices que controlan diferentes sectores: un índice para observar el rendimiento de las acciones de las empresas tecnológicas, de energía o inmobiliarias, por ejemplo. **También existen índices que reflejan la salud de los distintos países de acuerdo con el rendimiento de sus respectivas empresas.**

En Reino Unido, el Financial Times Stock Exchange 100 (FTSE 100) es el índice que comprende las 100 mayores empresas que cotizan en la Bolsa de Londres. El índice sube y baja en función de la evolución del precio de las acciones de las 100 empresas que cotizan en él.

Se evalúa cada tres meses y, si las acciones de las empresas han tenido un rendimiento inferior, pueden salir del índice y ser sustituidas por otras. Cada trimestre, dos o tres empresas abandonan el FTSE 100. El índice se actualiza constantemente durante el día laboral, y a las 16:30 horas se anuncia el precio de cierre.

Otros índices de los que tal vez hayas oído hablar son el promedio industrial Dow Jones, integrado por las treinta mayores empresas públicas de los Estados Unidos (como Apple, Walt Disney Company, Visa, McDonald's o Goldman Sachs), así como Standard & Poor's 500 (S&P500), que incluye el desempeño de las 500 empresas con capitalizaciones de mercado (el valor total de sus acciones) mayores a 6.1 mil millones de dólares, como las anteriormente citadas, así como Amazon, Nike, Twenty First Century Fox, Estée Lauder, Gap, Google, Starbucks y Tiffany & Co.

En Reino Unido, el FTSE 100 es el índice que comprende las 100 mayores empresas de la Bolsa de Londres.

Cada país cuenta con sus propios índices. El principal índice de Japón se llama Nikkei 225, y el de Alemania, DAX.

Necesitamos hablar de qué son los fondos de inversión

Sería posible utilizar todos tus ahorros para comprar acciones de una misma compañía, lo cuál sería bastante riesgoso.

Supongamos que te agrada la idea de poseer parte de una empresa que conoces, digamos, una empresa de ropa que tiene buena fama en el mercado, así que le confías tus ahorros, guardados con duro esfuerzo, esperando recibir una tajada de sus futuras ganancias. Pero supongamos también que ocurre un evento inesperado, como un cambio en el salario mínimo en las leyes de China, por lo que los trabajadores que hacen la ropa ganan más dinero.

Mientras tanto, en otra parte del mundo, una fuerte nevada destruye la cosecha de algodón, por lo cual el precio de esta materia prima aumenta. A la par de todo esto, la empresa que elegiste entra en una guerra de relaciones públicas en redes sociales y se vuelve blanco de una campaña para boicotear la marca. Sus competidores aprovechan esto y lanzan nuevas líneas de productos que opacan a tu confiable empresa, la cual se declara en bancarrota.

Tus acciones en la compañía pierden todo su valor, tus ahorros han desaparecido. O bien, la empresa no tiene un buen año justo cuando decides retirar tus acciones, por lo que ahora valen menos que cuando las compraste. En cualquiera de los casos perdiste dinero. Para evitar esto, **lo mejor es comprar acciones en muchas empresas diferentes.**

Una opción segura sería adquirir bonos corporativos, estos te dicen de antemano el rendimiento que tendrá tu inversión.

En el ejemplo anterior, si hubieras diversificado tu portafolio de inversión al comprar acciones de la confiable compañía de ropa, así como de su competencia, incluso podrías haberte llevado algún beneficio de su guerra de relaciones públicas. Pero hubiera sido aún mejor comprar acciones en una compañía que no se dedicara a la fabricación de ropa, pues los cambios en las leyes chinas y la pérdida de la cosecha de algodón afectarían a la industria de la moda en su conjunto.

Una opción más segura sería adquirir bonos corporativos, los cuales te dicen de antemano el rendimiento que tendrá tu inversión los próximos años para mitigar la incertidumbre del desempeño de tus acciones. Diversificar, pues, es una de las reglas de oro para invertir de manera segura y rentable.

Los fondos de inversión están ahí para ayudarte a diversificar. Se trata de un fondo común donde muchos inversionistas individuales reúnen su dinero para que lo maneje un gestor de inversiones, el cual decidirá dónde invertirlo para maximizar el rendimiento y minimizar el riesgo

El gestor elegirá un conjunto de acciones como las que hemos visto anteriormente, así como bonos y materias primas, aunque un fondo también puede incluir dinero en efectivo y propiedades. Algunos otros fondos no tienen una gestión tan activa y se contentan con seguir los índices del mercado de valores.

Un fondo se encarga de elegir en qué acciones o bonos invertir. Si contratas a un corredor de bolsa, dejarás que decida dónde poner tu dinero, por lo que recibirá una comisión. **Existen miles de fondos de inversión disponibles, los cuales se diferencian por los tipos de industrias o inversionistas que participan en ellos,** tanto los que buscan correr grandes riesgos con sus fortunas como los que buscan jugar a la segura.

Existen fondos especializados en mercados emergentes, los cuales ponen el dinero de sus inversionistas en empresas de Brasil o India, por ejemplo, así como fondos especializados en compañías de un mismo sector, como la tecnología.

Otros fondos reciben extraños, como fondos de interés fijo, e invierten solamente en bonos corporativos que son más seguros, pero producen mínimos rendimientos. Muchos portafolios consisten en una media docena de fondos entre los cuales puedes elegir dependiendo del riesgo que estás dispuesto a correr: poco, mediano o alto riesgo, así como del tiempo que puedas dejar tu dinero bajo llave.

Puedes tener tantos fondos de inversión como quieras en tu portafolio e incluso puedes comprar un portafolio que ya integre diversos fondos. Luego de investigar y familiarizarte un poco más, incluso puedes aprender a repartir tus inversiones tú solo.

Los fondos para tu retiro se invierten automáticamente en un proveedor de servicios de jubilación. Es posible mover dichos fondos a otro proveedor o incluso decidir que se inviertan de otra forma. Acércate al personal de recursos humanos de tu empresa para discutir tus opciones.

Puedes tener tantos fondos de inversión como quieras, incluso puedes comprar un portafolio que ya integre diversos fondos.

¿Cómo empezar a invertir?

Lo primero es tener un objetivo en mente o una meta de vida, como dicen los asesores financieros. Este puede ser un ahorro para el retiro, el enganche de una casa o el futuro de tus hijos. También puedes hacerlo simplemente para vivir de manera más holgada en tu madurez.

Un objetivo de inversión será la guía para determinar cuánto riesgo estás dispuesto a asumir con tu dinero, así como la fecha en la que necesitas retirar tu dinero y cobrar tu inversión.

No olvides que lo mejor es no mover tus inversiones durante el mayor tiempo posible. Esto aumenta las probabilidades de que tu dinero crezca. Como dije antes, lo mejor es hacerlo por un mínimo de cinco años, pues no se trata de fondos que vayas a poder utilizar durante ese tiempo. Si los dejas trabajando durante un lapso más largo, puedes optar por activos mucho más riesgosos que a la larga produzcan mejores rendimientos.

Las fortunas en el mercado de valores suben y bajan, pero se desploman durante las crisis económicas o, como acabamos de ver, durante las pandemias. El valor de las acciones disminuyó gravemente y muchos inversionistas perdieron fondos. Sin embargo, la pérdida no fue igual para todos.

Los fondos de inversionistas a largo plazo se mantuvieron relativamente estables, pues las subidas de décadas previas compensaron las caídas recientes, por lo que, si dejaron su dinero en la bolsa, para cuando leas este libro ya se habrán recuperado. Es por eso que tanto para el inversionista principiante como para el profesional, lo mejor es elegir donde poner el dinero y dejarlo ahí.

Si dejas tus fondos trabajando durante más tiempo, puedes optar por activos mucho más riesgosos.

Si tu carácter es un tanto nervioso, trata de no revisarlas con mucha frecuencia para evitar el nerviosismo. Te recomiendo revisarlas una vez al año para evaluar si su rendimiento es óptimo, o bien, realizar algún ajuste. No te dejes llevar por el pánico si los mercados caen ni respondas sacando todas tus inversiones justo cuando su valor alcanza el punto más bajo.

Intentar entender la "cadencia" o el ritmo del mercado suele considerarse un error, ya que vas a terminar invirtiendo cuando las cosas parecen ir bien y el mercado está en alza, por lo que las acciones son caras, y luego sacarás el dinero cuando todo se hunda, justo cuando las acciones están en su punto más bajo.

Si una empresa presenta un buen desempeño y todo el mundo está entusiasmado con ella, lo más probable es que sus acciones ya tengan un precio elevado debido a la alta demanda.

Warren Buffett, el inversionista bursátil más exitoso del mundo, escribe regularmente cartas a los accionistas de su empresa. En una de ellas escribió:

Durante el extraordinario pánico financiero a finales de 2008, nunca pensé en vender mi granja o mis propiedades en Nueva York, a pesar de que claramente se estaba gestando una grave recesión. Y si hubiera poseído el 100 % de un negocio sólido, con buenas perspectivas a largo plazo, habría sido una tontería considerar deshacerme de él. Entonces, ¿por qué habría vendido mis acciones, esas pequeñas participaciones en negocios maravillosos? Es cierto que cualquiera de ellas podría ser decepcionante tarde o temprano, pero vistas en su conjunto, seguramente saldrían bien libradas. ¿Podría alguien creer realmente que la tierra se iba a tragar el ilimitado ingenio humano y los increíbles activos productivos existentes en Estados Unidos?

¿Cuánto puedes invertir?

Como hemos visto hasta ahora, un inversionista no tiene que estar nadando en dinero, pero si tienes muchas deudas, te sientes corto de efectivo o simplemente no tienes ahorros en caso de emergencia, probablemente no sea un buen momento para invertir.

Existen muchas compañías y fondos de inversión donde puedes comenzar desde 1 dólar o 50 al mes, y otras que piden un mínimo de 500 o 1 000. **Muchos asesores piensan que en lugar de invertir una gran cantidad de dinero de golpe, lo mejor es invertir pequeñas cantidades de manera regular,** una vez al mes, por ejemplo, y así evitar la tentación de jugar a las apuestas con el mercado.

Si la bolsa de valores baja, solo tienes que comprar a un precio más barato el próximo mes para compensar. Por ejemplo, puedes proponerte ahorrar 50 al mes para tu hijo desde el día que nazca, a una tasa conservadora del 5 % anual. Si los mercados se comportan como en el pasado, cuando tu hijo cumpla 18 tendrás 17 400 dólares.

Un inversionista no tiene que estar nadando en dinero, pero si debe ser financieramente estable.

Tenemos que hablar de las comisiones de inversión

A diferencia de una cuenta de ahorros, cuando pones tu dinero en un fondo de inversión o compras acciones directamente, existen algunas comisiones que debes pagar. Es importante considerar estos montos al elegir dónde vas a invertir, pues las altas comisiones pueden erosionar tus ahorros gravemente.

Una de estas comisiones es el cargo por gestión de inversiones, el cual se deduce del valor de tu inversión. Se trata del costo de que alguien más seleccione dónde invertir por ti. Existen otras comisiones administrativas que se pagan de manera anual y oscilan entre el 0.75 al 1.25 % del valor de tu fondo, o incluso más.

Cuando estés más familiarizado, incluso podrás invertir tu fondo o tus fondos en acciones a través de una plataforma o supermercado de fondos. Se trata de compañías encargadas de administrar tus inversiones y que te permiten administrar tu portafolio en línea. Ofrecen herramientas útiles, consejos y gráficas que muestran el rendimiento de tus operaciones. Utilizarlas también genera un cargo o comisión, usualmente del 0.45 % del costo de tus inversiones al año.

Es importante que consideres los impuestos de tus inversiones. A pesar de que tus rendimientos no sean extraordinarios en un inicio, cualquier ingreso que percibas a través de dividendos o el crecimiento del valor de tus inversiones genera un impuesto. Dependiendo del país en que te encuentres, existen ciertos tipos de acciones libres de impuestos.

7. TODO LO QUE NECESITAS SABER SOBRE PENSIONES

Las pensiones probablemente sean el menos sexy de todos los temas de administración financiera personal. Piénsalo: ahorrar para un momento del futuro lejano en una cuenta que no puedes tocar durante décadas suena sumamente aburrido. ¿Y qué si te atropella un autobús mañana luego de haber vivido una existencia innecesariamente austera? Por lo menos cuando ahorras para el enganche de una casa o para un viaje, el resultado es tangible y concreto.

Ahorrar para un futuro que todavía no llega se vuelve aún más difícil cuando estás rodeado de compromisos financieros y a menudo te falta dinero. Cuando escuchas hablar a la generación mayor sobre las toneladas de dinero que se necesitan para financiar una jubilación, puedes sentirte tentado a botarlo todo y no querer saber más al respecto.

Sin embargo, **es de suma importancia comprender cómo funcionan las pensiones y jubilaciones mientras aún eres joven,** así sea solamente para elegir un plan y luego olvidarlo por completo hasta que te retires. Mientras más joven comiences a ahorrar, puedes destinar una menor cantidad mensual a este fin, la cual se multiplicará gracias a la magia del tiempo y los intereses compuestos.

Aquí está lo mínimo que debes tener en cuenta.

Y BIEN, ¿QUÉ ES UNA PENSIÓN?

Si consideramos el hecho de que la expectativa de vida de una mujer que hoy tiene 29 años será de 91 (con un 19% de probabilidad de llegar a los 100 años), y asumiendo que no trabajará hasta morir, el objetivo de una pensión es tener algún dinero del cual puedas vivir cuando no puedas trabajar.

El gobierno anima activamente a la gente a que ahorre para su vejez mientras aún son jóvenes y productivos, dado el enorme gasto que supone mantener a una generación de personas mayores (que crece masivamente) y que no están en condiciones de ganar dinero. Son también los gobiernos quienes determinan la edad de jubilación (siempre tratarán de que la edad productiva crezca), momento en el que comenzarás a recibir tu pensión.

Existen innumerables productos y fondos de ahorro para el retiro, cada uno con su propio nombre indescifrable, comisiones y porcentajes. Sin embargo, entender cómo funcionan las pensiones en tu país, ya sea a través de impuestos o en fondos de ahorro, será lo más cerca que estarás de recibir dinero gratis en tu vida.

Lo difícil de estos fondos es que no tienes permitido tocarlos hasta que tengas 55 o 65 años, dependiendo de tu país de origen. Sin embargo, esta es la misma razón por la que su rendimiento a la larga será mucho mayor.

Entender cómo funcionan las pensiones en tu país será lo más cerca que estarás de recibir dinero gratis en tu vida.

Actualmente, las tasas de los fondos de ahorro para el retiro gestionados por el gobierno suben año con año junto con la inflación. Sin embargo, nadie sabe muy bien qué pasará cuando la generación actual esté en edad de jubilarse en el 2050, pues el costo de las pensiones aumentará a medida que una mayor parte de la población necesita recibirlas.

Como muestra, considera que en el año 2017 el gobierno británico desembolsó 264 mil millones de libras esterlinas en previsión y apoyo social (unos 365 mil millones de dólares), lo que constituye el 34 % del gasto público de ese año. De este presupuesto, 2 mil millones (equivalente al 1 %) se destinaron a los seguros de desempleo, mientras 111 mil millones (el 42 %) se destinaron a pensiones.

A los gobiernos les interesa que la edad de jubilación aumente para reducir el costo de ese gasto masivo, pero la edad exacta puede variar entre países. Es por ello que muchos países tratan de promover esquemas de inscripción individual a fondos de retiro privados. Y muchas empresas te inscriben automáticamente en uno de estos fondos al comenzar a trabajar.

Es posible decidir cambiar de compañía que gestiona esos fondos, pero **sería muy mala idea no estar en ningún fondo de pensiones.** Sería el equivalente a rechazar un aumento de sueldo, pues el dinero que tu empleador coloca en tu fondo de retiro es un requerimiento del gobierno y no te cuesta a ti. Sería mucho más costoso retirarse sin uno de estos. Así que tú decides, ahórralo o piérdelo.

También debes tomar en cuenta el hecho de que es más fácil ahorrar si una cantidad se deduce automáticamente de tu salario, en lugar de pagarla tú mismo y caer en la tentación de gastar antes de tiempo.

¿Dónde se guarda el dinero de mi pensión para el retiro?

Te será más fácil ahorrar si una cantidad se reduce automáticamente de tu salario.

Parte del problema de las pensiones está en que es difícil saber dónde se encuentra tu dinero y qué pasa con él a medida que lo ahorras. Lo único que sabes es que se deduce de tu salario.

Ver el cuadro completo puede darte un mejor panorama. Las compañías que ofrecen programas de pensión como los que hemos discutido anteriormente eligen por lo general un proveedor de pensiones gigantesco, también conocido como aseguradora, que se encarga de gestionar la pensión. La aseguradora, a su vez, le dará ese dinero a gestoras de fondos o compañías de inversión que invierten todas las contribuciones. Estas gestoras elegirán cómo diversificar tu dinero, ya sea en inversiones en compañías o en bonos.

En otras palabras, **si tu empresa te dio de alta en un fondo para el retiro, probablemente ya estás invirtiendo en la bolsa de valores a través de tu pensión.** El trabajo de las gestoras es tratar de hacer el mayor dinero posible de tu inversión sin perderlo al sopesar los riesgos.

¿Puedo jubilarme si soy freelance?

Si eres un trabajador independiente no recibirás los beneficios de las contribuciones patronales a tu pensión (ese dinero "gratis" que tu empleador ahorra por ti para cuando ya no trabajes). Aun así, vale la pena contratar una pensión por tu cuenta y obligarte a tener buenos hábitos de ahorro a largo plazo. Toma en cuenta que sin las contribuciones patronales, tienes menos probabilidades de poder costear una jubilación.

Existen diversas pensiones a las que puedes optar, como una pensión personal, una pensión de accionista (*stakeholder pension*) o una pensión personal autoinvertida. La principal diferencia entre una pensión personal y una pensión de accionista son las comisiones de apertura, y pueden abrirse mediante aseguradoras, compañías de inversión o bancos.

Las comisiones de una pensión de accionista suelen ser más baratas, ya que limitan tus pagos al 1.5 % del valor del fondo durante los primeros diez años, y al 1 % después, aunque pueden ser más restrictivos.

Con una pensión personal autoinvertida tendrás que gestionarlo todo tú mismo. Puedes elegir prácticamente cualquier cosa que te guste para invertir (como en fondos, acciones individuales o propiedades comerciales), pero también implica mayor riesgo y responsabilidad, por lo que solamente son recomendables para quienes tienen la disposición de aprender bastante al respecto por su cuenta.

Si estabas afiliado a una pensión en tu trabajo antes de volverte *freelance*, puedes seguir cotizando en ella, aunque ya no recibas contribuciones patronales. Esta puede ser una opción inteligente. Muchas grandes empresas pueden negociar unas tarifas de pensión más bajas que las de los particulares, por lo que podría resultar mejor conservar tu antiguo fondo que crear un nuevo fondo propio.

Según el gobierno británico, las personas llegan a tener hasta 11 empleadores durante su vida laboral.

Vale la pena considerar esta posibilidad porque una persona promedio tiene 5.8 empleadores antes de cumplir la edad de la jubilación, pero este número aumentará significativamente durante las próximas décadas.

Según el gobierno británico, las personas llegan a tener hasta 11 empleadores durante su vida laboral. Esto da como resultado que muchas contribuciones patronales se pierdan o queden olvidadas. Si este es tu caso, ponte en contacto con las proveedoras de pensiones de tus antiguos trabajos e investiga si es posible concentrar tus ahorros en un nuevo plan para el retiro, ya sea en una cuenta previa o en un nuevo fondo autoinvertido.

Esto también te permitirá tener más control de cómo y dónde se invierte tu dinero, conocer las comisiones que pagas y cuánto más necesitas ahorrar. Consulta muy bien si los fondos de pensión en los que has estado contemplan penalizaciones de desafiliación. Vale la pena pagarlas si el fondo acumulado es cuantioso, pero no tanto si es una pequeña suma.

Si soy *freelance*, ¿necesito un contador?

Las contribuciones de los trabajadores a los gobiernos de sus países por lo regular se descuentan en el lugar de trabajo, pero los trabajadores independientes o freelance tienen que hacerlo por sí mismos, ya sea contratando a contadores o despachos encargados de realizar sus contribuciones fiscales, o bien, aprendiendo a hacerlo por sí mismos.

La dificultad de llevar tus impuestos por cuenta propia es que tienes que ahorrar lo suficiente cada mes y cada año para pagarlos a tiempo, de lo contrario estarás en problemas y, como a veces les ocurre a los famosos, si no los pagas puedes terminar en bancarrota.

La dificultad de llevar tus impuestos por cuenta propia es que tienes que ahorrar lo suficiente para pagarlos a tiempo.

Si te preocupa qué gastos puedes o no deducir de tus impuestos, o no sabes lo suficiente para realizar tus trámites hacendarios por ti mismo, es buena idea contratar a un contador. También te brindará un poco más de protección en caso de que la agencia tributaria de tu país investigue tus asuntos fiscales, aunque, en última instancia, la responsabilidad recae en ti, y no puedes dejarla en manos de otra persona.

¿Vale la pena el dinero? Karen Barrett, fundadora de un sitio web de contadores, dice que deberías contratar a uno cuando sea menos costoso que hacerlo por ti mismo. Para calcularlo, calcula cuánto vale una hora de tu tiempo dividiendo tus ingresos mensuales por el número de horas que trabajas cada mes. A continuación, calcula cuánto tiempo dedicas a tu contabilidad y conviértelo a dinero. Si el resultado es más de 100 dólares al mes, una tarifa más bien baja para las pequeñas empresas, contrata a un profesional para que haga tu contabilidad.

Parte dos

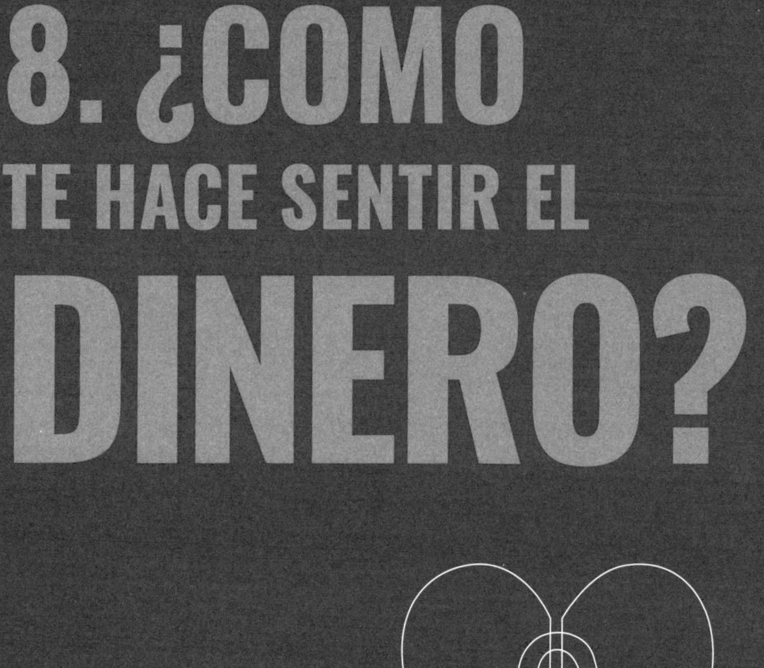

8. ¿CÓMO TE HACE SENTIR EL DINERO?

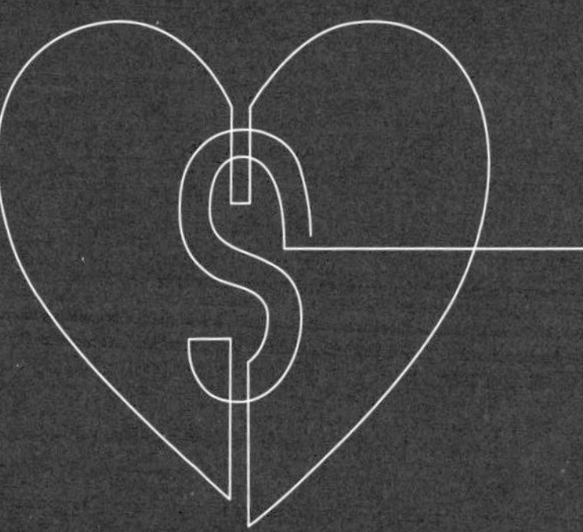

En este punto debes tener una idea mucho más clara sobre si puedes o no comprar una casa, cómo ahorrar, hacer presupuestos e invertir en tu futuro.

Pero **saber cómo funciona el dinero y, lo que es más importante, sentirse bien con el dinero, es algo más que simples trucos de finanzas personales.** Por escribir este libro, sé que las tarjetas de crédito son costosas y que debería ahorrar más en una pensión, pero aún así no lo consigo. ¿Por qué?

En los capítulos siguientes analizaré cómo nos hace sentir el dinero, cómo influye en nuestra felicidad, en las relaciones, en nuestro sentido de la autoestima y, en definitiva, en nuestra salud mental. Espero ofrecer orientación práctica sobre cómo abordar el dinero, el más difícil de los temas, con tu pareja, tu familia y, en última instancia, contigo mismo.

EL DINERO Y EL AMOR

¿Qué harías frente al siguiente dilema?

Me voy a mudar con mi novio. Tiene su propio departamento y me ha propuesto que le pague alquiler. Luego nos repartiremos las facturas al cincuenta por ciento. Mis amigos dicen que se está aprovechando de mí porque mi dinero se destinará a pagar su hipoteca. Es dueño de un departamento de una sola habitación, así que no es como si fuera a alquilarla a otra persona.

No quiero comprar junto con él porque no tengo ahorros, además de que me parece un poco pronto para ese nivel de compromiso. ¿Debería oponerme y pagar menos? Obviamente es un tema de conversación complicado.

¿Quién está en lo correcto? ¿Ella por no querer pagar alquiler? ¿Sus amigos por compartir sus inquietudes? ¿Hay alguien aquí que tenga la razón? ¡Ayuda!

Lamentablemente, no hay un "pase a la página siguiente" para encontrar la respuesta correcta. Intenta sacar el tema entre tus amigos y amigas, sírvete una copa de vino, siéntate y observa cómo todos creen saber lo que la chica debería hacer.

Sentirse bien con el dinero es algo más complicado que simples trucos de finanzas personales.

Tomé este dilema de una sección sobre dinero del *The Telegraph*, pero hoy en día es un dilema extremadamente común, ya que las personas cohabitan y se asocian en diferentes etapas de la vida, a menudo por necesidad y, por lo tanto, no por comodidad. Vivir juntos es mucho más barato que vivir separados. Y, para un número cada vez mayor de personas, vivir solo es simplemente imposible desde un punto de vista financiero.

Un dilema que se complica aún más cuando se han comprado propiedades con préstamos o regalos de padres generosos. Una reciente y terrible encuesta (no estoy segura de que sea totalmente científica) sugiere que una quinta parte del Banco Nacional de Mamá y Papá hace referencia a las parejas de sus hijos como "acaparadores, chismosos, deshonestos y faltos de inteligencia".

Aunque se trata de una situación moderna cada vez más común, **la gente no se pone de acuerdo sobre la mejor forma de dividir las finanzas o las propiedades en pareja, cuando se trata de un tema con enormes repercusiones emocionales.** Las expectativas de género, además de las distintas perspectivas sobre el deber y los buenos modales respecto al uso del dinero muchas veces se traducen en heridas y relaciones pasivo-agresivas.

Podría llenar este libro con historias de terror de lo que se han topado mis amigos y amigas en aplicaciones de citas online: desde el tipo que parecía estrella de cine y tenía una curiosa afición por abrir la puerta del departamento durante la noche (para vender drogas, como supimos después) o del chico no menos intimidante que insistía en usar la ropa interior de otra amiga.

Con las amistades compartimos nuestro estado de salud más íntimo, las entradas y salidas del síndrome del impostor, los pequeños crímenes y las grandes tragedias. Sin embargo, no tengo la menor idea sobre el estado financiero de mis amigas más cercanas, sobre cuánto ganan sus parejas o a cuánto ascienden sus deudas de tarjetas de crédito.

Vivir juntos es mucho más barato que vivir separados. Para cada vez más personas, hacerlo parece imposible.

Salvo algunas excepciones, no sé cuándo se volvieron económicamente independientes o si sus padres aún las ayudan. Pero el asunto es aún más extraño porque seguramente no tendrían problema en contarme si les preguntara.

No tener suficiente dinero para pagar por una vivienda es otra de las fuentes clásicas del estrés moderno asociado al dinero. ¿Los amigos que pueden hacerlo están esforzándose más que tú, ahorrando mejor o tienen algún tipo de ingreso secreto del que no te han contado?

Aunque existen temas que ya no son tabú entre nuestro grupo de amigas, tampoco nos sentimos con la libertad de hablar abiertamente sobre el dinero. Y esta parece ser una norma internacional.

La comediante estadounidense Gaby Dunn se acercó a un grupo de chicos en una cafetería de Los Ángeles y les preguntó sobre sus posiciones sexuales favoritas. "Vaquera invertida", respondió una de ellas sin pensarlo demasiado. Luego, Gaby le preguntó cuánto dinero tenía actualmente en su cuenta de banco, a lo que ella responde: "Wow, bueno, ¡preferiría no responder eso!". Tal vez le pareció una pregunta demasiado personal.

Los comentarios anónimos de los periódicos son un espacio donde la gente puede decir lo que piensa realmente sobre la relación del amor y el dinero sin sentirse juzgada. Por el número de comentarios que estas columnas generan, parece tratarse de un pasatiempo muy popular.

Se realizó una encuesta en línea entre 2 300 participantes para tratar de dilucidar el dilema que abre este capítulo. De ellos, el 55 % afirmó que ella debía pagarle renta a su novio, mientras el 45 % opinó que no debía hacerlo. No se trata de una diferencia abrumadora.

Cuando mis abuelos se mudaron juntos aún eran muy jóvenes y estaban casados, según la costumbre de la época. Ella dejó de trabajar fuera de casa y él se hizo cargo de los gastos a través de su empleo y posteriormente de su pensión, pues esos eran los acuerdos de la gente de su época y no se cuestionaban.

A pesar de que mi abuela tomaba decisiones financieras sobre su casa, muchas mujeres de la década de los 50 no tenían idea de cuánto ganaban sus maridos. Me sorprende saber que muchas todavía no lo saben: según una encuesta de una empresa de seguros, una de cada cinco personas ignora el salario de su pareja.

El acuerdo según el cual el varón debe ser el proveedor económico y a la mujer se le autorizaba gastar cierta cantidad mientras se hiciera cargo de las labores domésticas, siguió siendo la regla durante las décadas de los 80 y 90. Cuando mis padres (casados) intentaron comprar su primera propiedad juntos en los 70, muchas mujeres eran rechazadas al solicitar una hipoteca a menos que tuvieran un aval masculino.

Muchas mujeres de la década de los 50 no tenían idea de cuánto ganaban sus maridos. Y en la actualidad muchas aún no lo saben.

La generación Tinder es la primera que disfruta la supuesta libertad de no tener reglas ni expectativas claras sobre quién debe pagar una cita y cuánto debe ganar cada uno. Con todo, las parejas heterosexuales que desfilan por televisión siguen reproduciendo los mismos roles en cuanto al dinero.

Mientras las redes sociales se entretienen con publicaciones de mujeres que muestran sus enormes anillos de compromiso o en supuestas investigaciones que demuestran que el sexo empeora cuando ella gana más que él, las empresas siguen sin pagar permisos de paternidad (y muchas veces tampoco de maternidad) ni les permiten a los varones involucrarse en labores de crianza sin repercusiones negativas en sus carreras.

Mis propias investigaciones anecdóticas sugieren que muchas parejas felices en apariencia albergan resentimientos escondidos sobre sus finanzas. Una amiga me cuenta que las finanzas en su relación siempre han estado desequilibradas, pues él trabaja por su cuenta mientras ella es empleada con un gran salario fijo. "No creo que la igualdad se trate solamente de aportar lo mismo, sino de que cada uno pueda contribuir de diferentes formas en diferentes momentos de nuestras vidas, y que esto nos ayude a explorar distintas oportunidades", me contó por correo electrónico.

Sin embargo (continúa mi amiga), me parece frustrante ser la que paga en todos los restaurantes y viajes. Soy consciente de que si la situación fuera a la inversa él haría lo mismo. Pero eso no significa que no sea molesto.

A veces descubro que siento envidia cuando él gasta en algo que a mí no me parece tan valioso, a pesar de que puedo permitirme comprar mis costosas velas aromáticas en el momento que yo quiera. En mi mente, por una fracción de segundo, me digo: *Bueno, trabajé muy duro para comprar esa maldita vela, pero él no trabaja tanto ni gana lo suficiente como para pagar por su propia comida, ¿entonces por qué compró eso?*

La generación Tinder es la primera en disfrutar la supuesta libertad de no tener reglas ni expectativas.

La sensación se desvanece pronto, pero poco a poco se acumula. De igual modo, en ocasiones él admite sentirse triste por no contribuir financieramente tanto como yo.

Piensa que no es capaz de construir la vida que quiere conmigo y se siente “inferior”.

Las relaciones de pareja no vienen con un instructivo adjunto sobre cómo manejar las finanzas en común y el resto de la gente parece igual de confundida. Tal vez sea por eso que Relate, una empresa de asesoramiento familiar y de pareja, asegura que el dinero es la primera fuente de tensión entre las parejas que solicitan sus servicios.

“El dinero representa poder, por lo que esta dinámica es tan fuerte”, afirma Peter Saddington, orientador familiar y de parejas de Relate. “Puede tratarse de la dinámica de poder entre una pareja, o entre un padre y sus hijos, sobre quién tiene dinero y quién no, y sobre cómo debe gastarse. A menudo, el dinero se vuelve un tema recurrente en las relaciones de pareja desde un principio. Cuando empiezan a salir juntos, ¿quién debe pagar la cuenta y por qué? **Si no se atienden desde un principio, estos problemas se volverán una bomba de tiempo que les estallará en las manos tarde o temprano”.**

Un momento especialmente complicado es cuando la pareja decide tener su primer hijo. El dinero entra inmediatamente a primer plano, así como la cuestión de quién puede aportarlo. Lo siguiente que entra en escena es una dinámica de poder, la cual puede escalar rápidamente. Peter dice que, si la pareja no ha conversado lo suficiente al respecto, puede presentarse una crisis. Asumir cosas o decirlas de una manera hiriente puede complicar la situación aún más.

La terapeuta relacional Cate Campbell afirma: "Donde hay conflicto, la fuente casi siempre se encuentra en la administración del dinero o en la falta de este.

Es algo muy presente en las parejas, que aparece tarde o temprano y que, para algunas, se vuelve una fuente constante de fricción".

Muchas parejas sienten que el comportamiento financiero de su media naranja afecta la imagen que tienen de sí mismas. Esto puede deberse a creencias irracionales sobre sus posibilidades, ya sea que crecieran en un ambiente financiero muy seguro, o todo lo contrario.

"Existe un gran pudor en torno al dinero y el estatus. Lo que para uno es evidencia y consecuencia del éxito, para el otro puede ser vanidad o mero gasto", dice Cate. "Incluso esto puede hacer que las parejas dejen de hablar de dinero, pues el tema siempre termina en discusiones, tensiones, problemas que no saben cómo resolver y estrés". La mayoría de nosotros se ha enfrentado a este panorama.

Aunque muchas parejas tengan una preocupación compartida por el manejo del dinero, lo siguen viendo como una tensión que viene del exterior. Lo mismo ocurre si las parejas se culpan mutuamente por gastar demasiado o no ganar lo suficiente.

Donde hay conflicto, la fuente casi siempre se encuentra en la administración del dinero o en la falta de este.

Los problemas más comunes que trata Cate siempre vuelven al cómo se gasta el dinero y por qué, en cómo hacer frente a los reveses de la vida o a quién le pertenecen y cómo se reparten los bonos y las herencias.

El cuadro se completa con discusiones sobre el dinero que se gasta en otros miembros de la familia, como los hijos o los abuelos, así como los comportamientos financieros secretos que algunas parejas no comparten.

"Hablar de dinero puede producir mucho estrés, por lo que muchas sesiones de pareja se tratan simplemente de encontrar las condiciones para que puedan conversar de cuestiones financieras", añade. "Por lo general, las parejas no hablan ni planean lo suficiente sus finanzas antes de casarse o mudarse juntos".

¿CÓMO HABLAR DE DINERO CON TUS SERES QUERIDOS?

"En la cultura occidental no hablamos fácilmente de dinero. Esto puede superarse al darte cuenta de que hacerlo no es el fin del mundo", afirma Peter, cuyo consejo, aunque poco romántico y un tanto obvio, se traduce en tocar el tema lo antes posible cuando comienzas una relación. "No se trata de uno de esos temas que puedes dejar para después".

El resentimiento puede parecer pequeño e insignificante al principio, pero si no se aborda su causa se volverá una enorme bola de nieve, a la que los terapeutas adjudican la agresividad y destrucción que viven muchas parejas.

Lo primero es entender tus propias actitudes y expectativas inconscientes en torno al dinero. Examina qué se pone en juego cuando piensas en dinero, así como tus valores en torno a este, muchos de los cuales seguramente aprendiste en la infancia, así como el rol del dinero en tus relaciones. Podrás hacer cambios en la forma en que lo manejas cuando entiendas cómo te influye, cómo no deseas que te influya y cómo te afecta de manera inconsciente.

Para hablar de cómo administrar el dinero juntos, acuerda con tu pareja cuándo y cómo tendrán esa plática.

Si deseas hablar de cómo administrar el dinero juntos, acuerda con tu pareja cuándo y cómo tendrán esa conversación. Planearlo ayuda a mantener las emociones a raya. ¿Cómo van a hacer para sentirse seguros hablando al respecto? Se puede sentir como una amenaza o como un juicio mutuo. Aunque esa no sea la intención, admitirlo puede cambiar la forma en que lo perciben y en lo que ha significado para ustedes en el pasado.

Cate sugiere abordarlo de manera semanal o mensual, ser conciso y breve, delinear el problema y sugerir algunas soluciones. La conversación ideal no debe durar más de 20 minutos. Trata de no dar muchos rodeos. Si vas a hacer una fuerte inversión (como un automóvil o una casa) vale la pena preguntarse a quién le va a pertenecer, a uno o a ambos.

En ocasiones, el consultorio terapéutico puede ser un terreno neutral para hablar sobre dinero firmando contratos financieros de pareja. Hablar y escribir sobre lo que cada uno necesita que aparezca en un acuerdo por escrito puede ser de gran utilidad.

Por ejemplo, pueden acordar que cada uno tenga un apartado con su propio dinero para gastos individuales sin necesitar la aprobación del otro. Además, pueden tener otro apartado para el dinero conjunto y acordar un presupuesto. Puede ser mitad y mitad o que la persona que gane más dinero aporte una mayor cantidad. Escriban en ese contrato todo lo que tenga sentido para ustedes y cúmplanlo.

Consideran un tercer apartado para los ahorros conjuntos, acuerden cuánto van a guardar ahí, en qué lo van a gastar y cuándo pueden tocar esos fondos. Pueden fijar límites de gastos y decidir juntos si comprar o no las cosas que rebasen esa suma. Procura que el panorama financiero sea claro, que sepan cuánto ganan y cuánto deben respectivamente.

Si una persona gana mucho más que la otra, o uno de ustedes no está trabajando (porque se encarga de los niños o sigue estudiando, por ejemplo), acuerden un sistema de remuneraciones donde la persona sin ingresos reciba dinero en su cuenta de banco o pueda disponer de la cuenta común. Dejen en claro que no se trata de un regalo ni un favor.

¿Deberíamos tener una cuenta común?

La sencilla cuenta común, esa cuenta corriente que está a nombre de dos o más personas, donde cada una tiene su propia tarjeta de débito y puede disponer de los fondos, no es tan fácil de administrar como parece.

Consideren con cuidado las ventajas y desventajas de abrir una. Tal vez no quieran hablar de su historial crediticio durante las primeras citas, pero vale la pena discutir si tu pareja ha tenido problemas financieros en el pasado, si ha pedido créditos de nómina o contrajo deudas importantes durante los últimos seis años antes de vincular sus finanzas con las tuyas.

Diseñen un sistema donde la persona sin ingresos reciba dinero en su cuenta o pueda disponer de la cuenta común.

Tu historial crediticio no se ve afectado por el hecho de vivir con alguien, pero una vez que abran una cuenta común, sus historiales crediticios estarán ligados, por lo que un buen historial puede arruinarse por los malos hábitos del otro. Esto es algo importante si quieres pedir un préstamo, contratar un plan para tu teléfono celular o adquirir una hipoteca.

Una cuenta común, además, los vuelve responsables comunes y directos de lo que ocurra con esa cuenta, así como de los cargos por sobregiros. Esto significa que, si uno de ustedes se niega a pagarlos, el otro debe hacerlo de todas formas. Si tu amado tarjetahabiente desapareciera de la noche a la mañana después de vaciar la cuenta común o incurrir en un tremendo sobregiro, el banco puede buscarte para que le pagues, aunque no tengas idea de qué pasó.

Algunos bancos permiten que uno de los cuentahabientes cierre la cuenta común, pero otros necesitan que ambas partes realicen un trámite por escrito. Esto puede ser difícil si te separaste de alguien y están en malos términos o, como escribió uno de mis lectores de *The Times*, si tu pareja es controladora. En su caso, no podía cancelar la cuenta común sin el consentimiento de su pareja. Él se negaba, pero seguía adquiriendo deudas. Lo mejor es despejar estas dudas con el banco en el momento de abrir la cuenta.

No puedes tener una tarjeta conjunta con tu pareja, necesitas añadirla como tarjetahabiente de la cuenta. Esto significa que serás responsable de cualquier gasto que haga, pero también que puedes cancelarla en cualquier momento.

Si te parece demasiado compromiso, pueden comenzar por una tarjeta prepagada (aunque cuidado con los gastos ocultos de estas) en la que ambos ingresen ciertas cantidades periódicamente para gastos domésticos y así no incurrir en deudas. Las más comunes son de MasterCard y Visa. Ya que añadir tarjetahabientes no requiere investigación de crédito, tampoco afectará tu calificación crediticia.

9. DINERO Y BIENESTAR

Sin duda te habrás topado por ahí con el concepto de autocuidado (y seguramente en un contexto del cuidado de la salud). Incluye aspectos como regular tu consumo de alcohol, mejorar tus hábitos de sueño o bajar apps de *mindfulness* para no pasar tanto tiempo en tu teléfono.

Te propongo que añadas como prioridad de autocuidado tratar de ser más compasivo contigo mismo respecto al dinero. Como hemos visto, existen muy pocos temas a la vez tan emocionales y difíciles de abordar. Es momento de admitir que el dinero puede hacernos sentir muy mal.

Por desgracia, el pudor y la inseguridad que rodean las preocupaciones y errores financieros nos hacen sentir mucho peor, aunque sepamos que ser honestos respecto a nuestros problemas y compartirlos con otros podría hacernos sentir mejor. Mientras todos tratan de decidir si comprar la felicidad o no, el dinero puede afectar negativamente tu sensación de bienestar al sentir que no ganas suficiente o que no lo sabes administrar.

Tal vez no puedes comprar un lugar lindo para vivir ni pagar tus tarjetas o deudas de apuestas, tal vez sientes que tu trabajo no es lo suficientemente valorado o simplemente sales mal parado al compararte con otros a tu alrededor, con quienes pueden darse la vida y las comodidades que a ti te gustaría tener.

Incluso puede que te ocurra como a mi colega de la sección financiera, Leah, cuyo diagnóstico de trastorno bipolar le costó 35 000 dólares en menos de un año. Como ella, puede que tengas que lidiar con una enfermedad mental cuyos síntomas pueden hacerte gastar dinero de manera impulsiva, o con una depresión y ansiedad que te impidan abrir el estado de cuenta del banco o hacerte cargo de las reparaciones de tu hogar. En este capítulo compartiré algunos consejos prácticos sobre cómo lidiar con estas y otras situaciones.

Un cuarto de la población experimentará algún tipo de padecimiento mental este año. A pesar de eso, se nos permite pedir dinero prestado o involucrarnos en situaciones sociales que no podemos costear (hasta una tarde de consumo innecesario puede hacernos sentir mejor).

Un artículo de la revista *GQ* resume muy bien este entorno de competencia general: "¿Eres mejor que el hombre promedio?". Las categorías del estatus Alfa de los varones se sacaron de las búsquedas más populares en internet: su altura promedio, su coeficiente intelectual promedio, el tamaño promedio de su (oh, sorpresa) pene y, por supuesto, su ingreso promedio.

Por otra parte, **no dejamos de decirnos que los objetos que compramos no nos definen, que la ostentación es de mal gusto, pero no estoy convencida.** Todas esas supuestas experiencias "documentadas" en redes sociales, todas esas imágenes de paisajes domésticos, viajes exóticos y varios excesos culinarios requieren dinero.

Reconocemos el impacto negativo que las redes sociales pueden tener en la forma en que nos sentimos sobre nuestra apariencia física, pero ¿qué hay del impacto que tienen sobre nuestra riqueza o falta de ella?

Los síntomas de preocupación por el estatus se expresan en un incremento de gastos y un enfoque en el corto plazo, según un reporte del Money and Mental Health Policy Institute (MMHPI, Instituto de Normatividad sobre Dinero y Salud Mental). Afirma que a partir de la crisis financiera las tasas de problemas asociados con la salud mental se han incrementado de manera sostenida, especialmente en los jóvenes de 16 a 24 años.

Lo extraño es que, a pesar de que todos se han visto afectados por un mercado laboral inestable y precariedad inmobiliaria (lo cual, según el estudio, "sin lugar a duda" tendrá consecuencias sobre la salud mental de toda una generación), también se ven sometidos a la presión de presentar una imagen ideal de sí mismos viviendo al máximo.

La combinación de inseguridad financiera cotidiana y la esfera idealizada de las redes sociales está creando un cóctel tóxico.

El MMHPI se fundó en 2016 para analizar el vínculo entre el dinero y la salud pues, aunque existen muchos estudios para ayudar a la gente que lidia con problemas de salud mental y deudas económicas, "muy poco se ha hecho para prevenir esa situación".

Brian Dow, director general de Mental Health UK, también se involucró con otra fundación, la Mental Health and Money Advice Service (Servico de Consultoría sobre Salud Mental y Dinero) desde 2017. Pues "los problemas de dinero están por todas partes, lo que produce en la gente una enorme cantidad de estrés y preocupación de manera cotidiana. Y eso no es saludable. Sabemos que la salud mental y los problemas de dinero muchas veces van de la mano. Para muchos siguen siendo tabúes que deben tratarse con pudor y secretismo, razón por la que tristemente las deudas aparecen como un factor de los suicidios".

El dinero y la infelicidad son un círculo vicioso. Quienes viven con serios padecimientos mentales a veces son incapaces de obtener ingresos de manera regular, especialmente cuando están sumidos en una crisis o se les dificulta controlar su nivel de gasto como un síntoma de su enfermedad.

Mind, la organización benéfica para la salud mental, dice que las personas con deudas inmanejables tienen un 33 % de probabilidad que el resto de la población de sufrir depresión y ansiedad.

ACEPTÉMOSLO: NADIE SABE LO QUE HACE

Como ocurre con aquel correo electrónico importante que dejaste sin responder, y que luego de un tiempo se vuelve más y más difícil responder, ignorar tus finanzas solo aumentará el dolor que sientes y los intereses de tu deuda.

Pero **ninguna deuda es insuperable. Incluso se puede volver de la bancarrota en un periodo de tiempo relativamente corto. Es posible hacer borrón y cuenta nueva.** Empieza con el autocuidado, no te castigues ni pienses que eres "malo con el dinero".

Es normal que sientas que no eres bueno manejando tu dinero.

Según la FCA, el regulador del sector de los servicios financieros de Reino Unido, el 24 % de los adultos tiene poca o ninguna confianza en su propia gestión del dinero, mientras que el 46 % considera que su conocimiento de las cuestiones financieras es escaso.

Ser "malo con el dinero" no es una personalidad ni un estúpido tatuaje que te hiciste cuando estabas borracho y del que ahora te avergüenzas, sino un estado temporal de las cosas que puedes abordar con un poco de perseverancia.

Con todo, yo también solía considerarme como una de esas personas condenadas a no entender el dinero. Soy una inútil para las matemáticas, mi cerebro se empaña como la ventanilla de un autobús en un día frío cuando intento interpretar gráficos u hojas de cálculo, y disfruto mucho comprar cosas.

Pero me he dado cuenta de que no soy la única a la que le encanta gastar y no ahorrar, tampoco soy la única que tiene problemas para entender una factura o para leer los términos y condiciones de las apps (nadie lee nunca todos los términos y condiciones). Algunos simplemente no lo admiten. Y no deja de sorprenderme la cantidad de profesionales que leen *The Times* y me escriben desesperados o indignados por haber cometido errores de principiante, como olvidar cancelar un servicio de *streaming* después del periodo gratuito y quedar atrapados en pagos recurrentes.

No sabes que estás cometiendo un costoso error hasta que lo haces y aprendes de él. Toda la industria multibillonaria de las tarjetas de crédito opera sobre la premisa de que los humanos cometen errores y que les dan miedo las matemáticas y las letras pequeñas de los contratos.

Las compañías que se aprovechan de estos errores tienen mensajes pregrabados en sus centros de atención telefónica especificando lo que un cliente tiene que hacer para cancelar un servicio al que está suscrito por error. Saben que se trata de un error muy rentable.

No sabes que estás cometiendo un costoso error hasta que lo haces y aprendes de él.

De todos modos, **tú y yo podemos convertirnos en personas que sepan administrar correctamente el dinero, y el primer paso es decidirlo.** Es así de sencillo, sin importar lo que digan tus padres, tus antiguos compañeros de piso o el primo de un empresario acaudalado que no da un centavo por ti.

Comienza por registrar tus gastos, no te detengas una vez que comiences. Dispón de una tarde del fin de semana para sentarte con una taza de té, tu computadora y dales orden a tus estados de cuenta. Tus gastos futuros son lo importante.

Pasos prácticos para sentirte mejor

Al igual que cuando llevas un registro de tus comidas para descubrir cuál te causa dolor de cabeza, llevar un diario de tus gastos te ayudará a ver más claramente el momento en que pierdes el control de tus finanzas, o cuando gastas más de lo usual para hacerte sentir mejor.

Paul Spencer, encargado de políticas de Mind, afirma que debes registrar tanto tus hábitos al gastar como tu ánimo para notar cualquier patrón que pudiera surgir. "Quizás hablar con otros de dinero te parezca estresante o mirar las cuentas que se acumulan en la mesa te pone ansioso. Reconocer los patrones anteriores puede prepararte mejor para asimilar el estrés cuando aparezca nuevamente".

Hacer presupuestos puede hacer una gran diferencia para saber a dónde va tu dinero y por qué, así como para entender cuánto debes y a quién. Mantén los recibos de pago y las facturas de servicios ordenadas y en el mismo sitio. **Tener tus documentos importantes en un mismo folder o archivero es un hábito de higiene mental.**

Revisa tus cuentas y facturas de manera regular, por ejemplo, una vez a la semana o al mes, para que ningún pago te tome por sorpresa. En el capítulo sobre presupuestos puedes revisar algunos hábitos de organización, como separar el dinero en sobres para organizarlo más fácilmente. Al ordenar tus cuentas no solo descubrirás dónde están tus errores, sino también los miedos asociados a dichos errores, lo que

Los presupuestos son una gran diferencia para saber a dónde va tu dinero, por qué, cuánto y a quién debes.

te permitirá entender si son miedos anclados en la realidad o no.

La Financial Therapy Association (Asociación de Terapia Financiera) de Estados Unidos ofrece los servicios de terapeutas financieros para ayudar a la gente a alcanzar sus metas a través de "un abordaje cuidadoso de sus retos financieros, así como de la atención a los obstáculos emocionales, psicológicos, conductuales y relacionales interrelacionados". Aunque este método no esté disponible en todo el mundo, me parece que demuestra que afrontar las preocupaciones sobre el dinero implica mucho más que hacer hojas de cálculo.

No exageres con el presupuesto ni lo conviertas en culpa si no eres capaz de ceñirte a él, tampoco lo abandones si crees que no funciona en un principio. La preocupación financiera también puede surgir por ser demasiado obsesivo y organizado con los ahorros. Trata de ser realista, pero también aparta un poco de dinero para ti, para que puedas gastarlo en cosas positivas que te hagan feliz. En teoría, necesitamos dinero para pagar las cuentas, pero también para disfrutar de nuestra existencia. No todas las mejores cosas de la vida son gratis.

Acércate a alguna persona de tu confianza, como un amigo o familiar, y habla con él o ella sobre tus preocupaciones financieras y cómo podrían estar afectando tu salud mental. También puedes advertirles sobre las conductas o hábitos que tienes sobre el dinero para que sepan cómo y cuándo ayudarte. Compártelo también con tu terapeuta y busca ayuda profesional.

¿Qué hacer cuando te sientes abrumado por tus deudas?

Nunca es demasiado tarde para hacer frente a las deudas, para lo cual existe mucha ayuda anónima y gratuita disponible. Además, no estás solo. La organización benéfica StepChange calcula que existen unos 3.3 millones de personas con "problemas graves de endeudamiento" y más de 21 millones que tienen dificultades para pagar las facturas a tiempo, una cifra que sin duda será mayor tras la pandemia del Coronavirus.

Dos tercios de sus clientes en 2019 eran menores de cuarenta años y el 14% tenía menos de veinticinco años. Las deudas afectan a personas con todo tipo de sueldos. StepChange me dijo que ayudó a más de 20500 personas que ganan entre 40 000 y 50 000 dólares anuales en 2016, y a más de 7 300 personas con ingresos superiores a 50 000. La media de las deudas de las personas con mayores ingresos ascendió a 55 000 dólares.

Acércate a alguna persona de tu confianza y habla con él o ella sobre tus preocupaciones financieras.

Si te sientes ahogado en tus deudas, haz una pausa y analiza si se tratan de "deudas prioritarias", según a quién le debas. Por ejemplo, una deuda de tarjeta de crédito no es una prioritaria, mientras que los atrasos en el pago del alquiler, en el de los impuestos municipales, en las multas gobierno o con tu proveedor de energía sí lo son, porque si no pagas perderás tu casa o la calefacción, o en el caso de no pagar impuestos, podrías ir a la cárcel.

Si te pones en contacto con tus acreedores para explicarles que tienes dificultades financieras y estás buscando ayuda, deben darle al menos treinta días de "respiro" antes de seguir sumando intereses o proceder contra ti. Tal vez tengas que demostrar que estás tomando algunos pasos en esta dirección (más sobre esto a continuación).

Tu banco puede sacar dinero de tu cuenta corriente para cobrarse una deuda que tengas con ellos u otro banco del mismo grupo o consorcio. Si tiene dificultades, sobre todo con las deudas prioritarias mencionadas anteriormente, es mejor transferir tu sueldo a una cuenta diferente.

Existen muchos planes de gestión de deudas disponibles. Se trata de empresas que toman tus deudas y las negocian con los acreedores. Realizarás un pago mensual a la empresa gestora cada mes. Esto puede ralentizar el ritmo al que tienes que pagar tu deuda.

Evita las empresas que venden estos planes, pues a largo plazo pueden ser costosos. Averigua si en tu país existen planes de gestión de deudas dirigidas por organizaciones benéficas como StepChange o PayPlan.

Solicitar la cancelación de una deuda es posible según las jurisdicciones de algunos países, y en último término se puede presentar la bancarrota. Todas estas operaciones van a dañar tu historial crediticio, por lo que es posible que no puedas pedir otro préstamo durante al menos seis años, pero no te van a arruinar la vida. El estigma asociado no es tan grande como para que deba afectar tu salud ni tu autoestima.

Tu banco puede sacar dinero de tu cuenta corriente y cobrarse una deuda que tengas con ellos.

Según StepChange, la gente se mantiene indiferente ante sus deudas mucho tiempo antes de buscar ayuda. La mitad de sus clientes esperó un año antes de contactarlos, sin importar que una deuda promedio acumule 3 000 dólares más de deuda anualmente.

¿Qué puedes hacer con tus deudas si sufres una enfermedad crónica?

Los acreedores pueden considerar cancelar tu deuda si demuestras que tu estado de salud, físico o mental, es tan grave que es posible que no te recuperes, y que nunca tengas los medios para pagar tus deudas. Para ello, necesitarás evidencias médicas de tu enfermedad.

El problema de gastar en exceso y qué hacer al respecto

Cuando Leah, mi compañera del periódico, y yo solíamos trabajar en una oficina, nos sentábamos una al lado de la otra e íbamos a comer prácticamente a diario juntas, tomábamos una copa de vino blanco barato los viernes por la noche, hacíamos karaoke en Navidad y hablábamos de nuestros novios y empleos.

En 2014, cuando volví de vacaciones, Leah no estaba. Se encontraba en el hospital luego de uno de esos episodios donde "perdía la cabeza", como los llamaba ella. Había sufrido un episodio maníaco severo y, posteriormente, fue diagnosticada con trastorno bipolar.

Esto afectó profundamente su vida financiera. La pérdida de ingresos por los ocho meses que no pudo trabajar, junto con de los gastos que hizo durante su fase maniaca, ascendieron a 34 260 dólares.

Leah era muy consciente de su dinero, no tenía deudas y había ahorrado una cantidad decente para dar un enganche hipotecario. Pero su enfermedad alteró todo eso, la hizo sentir como si el dinero fuera insignificante, como billetes de *Monopoly*. Daba enormes propinas y compraba muchos zapatos, demasiado grandes o pequeños para ella.

Leah escribió un artículo muy conmovedor sobre cómo su enfermedad impactó su situación financiera:

> **A medida que perdía el control de mi vida sentí una curiosa empatía por lo rápido que se desvanecía todo lo que construí, y lo fácil que es caer entre las grietas de la sociedad.**
>
> **Durante un subidón, es común sentirse desinhibida, poderosa y creativa. Sentí una abrumadora sensación**

de optimismo, como si de alguna forma estuviera destinada al éxito y todo estuviera dispuesto para que las cosas salieran a mi manera.
Una de las razones por las que la gente suele gastar tanto durante esta fase de la enfermedad es que tienen un montón de ideas para empresas y negocios que están convencidos de que prosperarán. Gastar a menudo se relaciona con esto.

El gasto excesivo es un síntoma tan común que se usa como criterio para diagnosticar trastorno bipolar.

Hoy en día Leah es una activista que busca generar conciencia del vínculo entre el dinero y la salud mental. El gasto excesivo es un síntoma tan común que los médicos utilizan la evidencia de los gastos inusuales de una persona como criterio para diagnosticarle trastorno bipolar.

Los padres de Leah le confiscaron las tarjetas mientras ella luchaba con su enfermedad. Algunos prefieren congelar sus tarjetas en auténticos bloques de hielo para no utilizarlas impulsivamente, pero existen opciones más cómodas. Puedes hablar con alguien de confianza para que asuma el control de tus tarjetas cuando sientas que estás perdiendo el control de ellas, y algunos bancos ofrecen opciones para que otras personas puedan acceder a tus cuentas en caso necesario, o bien, para bloquear cierto tipo de compras de tu tarjeta.

Aunque no es algo que aparezca en su publicidad, los bancos pueden ayudarte a fijar límites de gastos y tiempos de bloqueo de tus tarjetas o, bien, congelarlas temporalmente. Si vives con una enfermedad que te dificulta controlar tu dinero, trata de comunicarte con tu banco para analizar las opciones disponibles. También puedes recurrir a tarjetas de débito o de prepago (como vimos en el capítulo correspondiente) para no caer en sobregiros y gastar solamente lo que tienes.

Si te preocupan tus deudas y gastos como resultado de una enfermedad mental, comunícate por escrito con tu banco o institución crediticia para abordar la situación. En algunos países puedes descargar un formato y entregarlo a dichas instituciones. Leah dice que se puso en contacto para negociar el pago de sus impuestos y fueron bastante razonables, incluso le dieron una prórroga.

10. ÉTICA FINANCIERA

¿Apoyarías a una empresa que promueva el uso legal de armas de fuego? Tal vez no lo harías o no lo anunciarías públicamente. Sin embargo, tu salario (así sea una pequeña parte) está financiando la industria armamentística a través de la bolsa de valores.

Si tus empleadores le restan dinero a tu salario para ponerlo en un fondo de ahorro para el retiro, ¿te has preguntado dónde lo guardan?

Muchos fondos de pensiones se invierten en compañías que lucran con las masacres escolares, por ejemplo. Aunque suene difícil de creer, sí sucede.

Mi antiguo colega Patrick Hosking, editor de finanzas de *The Times,* señaló que cierta compañía de ingeniería británica que cotiza en la bolsa de valores es dueña de otra empresa, Smith & Wesson, fabricante de armas y parte del conglomerado American Outdoor. Esta empresa vendió legalmente el rifle que un estudiante usó para matar a diecisiete personas durante un tiroteo en la escuela preparatoria de Parkland, Florida, en febrero de 2018.

Las pensiones de muchos empleados se invierten en acciones de fondos indexados, muchas de cuyas empresas pueden dedicarse a actividades que podrías considerar inmorales o directamente dañinas. Cuando posees acciones de una compañía, posees una pequeña parte de ella. **¿Cómo te haría sentir poseer una pequeña parte de una compañía que fabrica armas de fuego? ¿O de una que fabrique armas químicas?**

Una investigación realizada en 2018 por Share Action, fundación que promueve la inversión responsable, demostró que solamente tres de los nueve servicios de pensiones de inclusión automática de Reino Unido excluyen compañías que lucren con armas químicas y biológicas de los fondos que les ofrecen a sus empleados.

Algunas de las empresas más grandes encargadas de cuidar los fondos de pensiones, también lucran con combustibles fósiles, la adicción al juego y la pornografía. La campaña Make My Money Matter (Hacer que mi dinero importe), cofundada por Richard Curtis, mejor conocido por escribir el guión cinematográfico de *Realmente amor*, parte de la premisa de que tener una pensión sostenible puede reducir tu huella de carbono hasta 27 veces, tanto como dejar de usar aviones y volverte vegetariano a la vez.

Por fortuna, cada vez es más fácil para quienes se preocupan por el medio ambiente y el impacto social de su dinero encontrar fondos de ahorro e inversión ventajosos. Lo primero es darse cuenta de que existen y actuar.

La inversión ética ha estado en el panorama de una forma u otra desde hace tiempo, como al tratar ciertos "fondos pecaminosos" que se dejan fuera de los fondos de inversión por producir tabaco, alcohol o armas.

Luego de la masacre de Parkland, BlackRock, uno de los gestores de fondos más grandes del mundo, anunció que no invertiría sus fondos de responsabilidad social en empresas fabricantes y distribuidoras de armas. Estos fondos ya excluían a empresas que fabricaban granadas y cigarrillos.

Los "inversionistas institucionales" de BlackRock (grandes inversionistas como bancos o gestores de pensiones) ahora pueden incluir fondos indexados libres de fabricantes de armas para los planes de pensiones que se ofrecen a los empleados.

En años recientes, **las inversiones éticas han tomado un enfoque más proactivo, lo que se conoce como "inversión de impacto" o "inversión responsable"**, la cual se vuelve cada vez más popular entre la generación más joven y consciente socialmente. Con estas inversiones, además de excluir algunas compañías, se busca promover a otras que cumplen con ciertos requisitos positivos de impacto medioambiental, social o de gobernanza.

Dichos fondos dejan fuera a las petroleras y se enfocan en los productores de energías limpias, así como en empresas y organizaciones que impulsan el cuidado de la salud y la educación o que promueve la diversidad en sus consejos directivos.

En mayo de 2018 fue creado el "Fondo Niña" en Reino Unido, cuyo nombre oficial es "Fondo indexado del futuro liderazgo de género de Reino Unido", y es el primero en su tipo en dirigir el dinero de sus inversionistas a compañías que apuestan por la diversidad de género entre sus jerarquías superiores.

La objeción que siempre se ha hecho a la inversión ética es que lo "verde" y las causas "valiosas" también son costosas.

Ahora bien, si te interesó leer este libro, probablemente quieres ahorrar e invertir para tener más dinero.

Bueno, resulta que hacerlo de manera ética no significa sacrificar un retorno de la inversión decente. De hecho, parece ser lo contrario.

En la reunión anual de inversionistas de la gestora de fondos EQ Investors se mostró evidencia de que poner el dinero en compañías de impacto positivo ofrece buenos resultados. Las armas y los combustibles fósiles ya no son una apuesta segura, pues los gobiernos del mundo legislan contra ellos, y el público se cuestiona poco a poco su misma existencia.

Según dicho reporte, desde la perspectiva de ganancias y beneficios las compañías de los portafolios de inversión de impacto positivo de EQ están creciendo significativamente más rápido que las compañías que cotizan actualmente en la bolsa de valores inglesa.

Rebecca O'Connor fundó el sitio web Good with Money (Buenos con el dinero) para ofrecer guías y tips sobre decisiones éticas en cuanto a finanzas personales de sus usuarios. Sin embargo, lo que la llevó a iniciar el proyecto fue la rabia. Escribió:

> **Me enojaba enormemente haber escuchado a cierto veterano respetable del gobierno afirmar sin empacho alguno que la ética no tenía lugar en las decisiones de inversión, mientras todos los trajeados estaban de acuerdo, aunque expresiones tan desvergonzadas de inmoralidad y codicia provocarían terror en cualquier otro contexto.**

O'Connor afirma que **la idea de que una perspectiva ética sobre el dinero significa renunciar a mejores retornos de inversión, simplemente es obsoleta.** "Estudio tras estudio de bancos de inversión realmente enormes y muy respetados nos han mostrado que el rendimiento financiero suele ser mejor en los fondos con impacto positivo sobre el impacto medioambiental, social o de gobernanza a largo plazo".

Tiene sentido: las compañías que ofrecen soluciones necesarias a los problemas del mundo ganan más dinero a lo largo del tiempo que aquellas que son la fuente de los problemas. Más aún cuando los jóvenes socialmente conscientes son los que van a heredar la riqueza invertida por la generación de los *Baby Boomers.*

Después de una década de crisis financiera, una de las mayores lecciones que pueden extraerse es la noción de que la gente puede presionar a los responsables mediante el voto con sus tarjetas de débito.

El dinero y el conocimiento son poder, incluso cuando tienes muy poco de cada uno. Son capaces de sumarse de manera colectiva y la generación más joven ya está convenciendo a los *trajeados* de que su modelo necesita un cambio.

Una investigación de la gestora de fondos Schroders indicó que el 52 % de los millenials prefieren invertir con la sostenibilidad en mente, una proporción mucho mayor que la de sus padres.

En este punto debes tener mucho más clara tu situación con respecto al dinero, lo que significa que puedes empezar a preguntarte si podrías hacer algo mejor con tus ahorros, sea lo que sea que decidas.

Tenemos opciones sobre lo que pensamos y hacemos con el dinero, sobre dónde y cómo lo ahorramos y cómo nos hace sentir, tanto a nosotros como a la gente a nuestro alrededor.

Recuerda que lo importante no es como gastaste en el pasado, sino cómo vas a gastar y hacer buen uso de tu dinero en el futuro.

AGRADECIMIENTOS

Estaré profundamente agradecida con Ruth Lewy por presentarme a la increíble Michelle Kane de 4th Estate, que imaginó este libro y me invitó a formar parte de la familia. Ha sido un placer total trabajar con ustedes, Michelle, Naomi Mantin, Tara Al Azzawi y todo el equipo. Gracias por su visión, entusiasmo y motivación, y a Jack Smyth por hacer que un libro sobre finanzas personales tenga un aspecto tan bonito.

Este libro es una recopilación de respuestas a todas las preguntas y dilemas que me compartieron mis brillantes amigos, amigos de amigos y conocidos de amigos de amigos, así como otros millennials y los lectores de *The Times*. Gracias a todos ustedes por su sinceridad respecto al dinero y a lo que no sabían al respecto, por sus correos electrónicos, llamadas telefónicas, *tweets* y largas conversaciones en el pub reflexionando sobre el estado en que nos encontramos, particularmente a Lauren y Rose Manister y

Matt Davies, que me han tolerado en grado sumo, así como a Guy Bolton y Franca Bernatavicius por sus consejos.

Estoy especialmente en deuda con quienes escriben cada semana a *The Times Troubleshooter* para desafiar la arrogancia de las grandes empresas y dar a conocer sus desgracias de modo que otros puedan aprender de ellas.

Por supuesto, no podría haber recopilado las respuestas sin la ayuda de verdaderos expertos financieros cualificados, organizaciones independientes, investigadores y compañeros periodistas, demasiados para enumerarlos aquí, pero a los que he citado a lo largo de este libro. Gracias por compartir tan generosamente conmigo sus conocimientos.

Una mención especial para mis inteligentísimos colegas Leah Milner, Mark Bridge y Mark Atherton por leer mis borradores y preparar tazas de té excepcionales. A mis actuales editoras de *The Times*, Anne Ashworth y Carol Lewis, por su apoyo, y a mis antiguos jefes Andrew Ellson y David Budworth por darle una oportunidad a una despistada de 23 años. Lamento que mi francés no fuera tan bueno como decía en mi currículum.

Querido Bengt, sería muy difícil para mí lograr cualquier cosa, menos aún escribir un libro, sin tu interminable flujo de amor, paciencia, ideas originales y pasta de berenjena. Gracias por no juzgar nunca mis hábitos financieros. Y al resto del equipo: Ruth, mamá y papá, que me enseñaron que hay que reconocer el poder del dinero, pero no dejar que nos gobierne. Y también por prestarme un montón de plata.

TÍTULOS RECOMENDADOS

VENDE
COMO LOCO

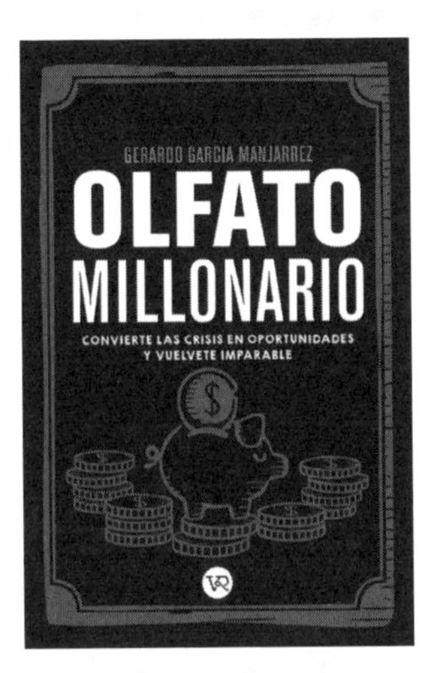

OLFATO
MILLONARIO